U0072106

The Ultimate
Psychological Tests

超自我的心理測驗≠超自戀

超自我的終極心理測驗

輕鬆生活館：27

超自我的終極心理測驗

編　　著　伍似珊

出 版 者　大拓文化事業有限公司

執 行 編 輯　廖美秀

美術編輯　蕭佩玲

地　　址　22103 新北市汐止區大同路三段一九十四號九樓之一

總 經 銷　永續圖書有限公司

劃撥帳號　18669219

TEL　(〇二)八六四七─三六六三

FAX　(〇二)八六四七─三六六〇

E-mail　yungjiuh@ms45.hinet.net

網　　址　www.foreverbooks.com.tw

CVS代理　美璟文化有限公司

TEL　(〇二)二七二三─九九六八

FAX　(〇二)二七二三─九六六八

法律顧問　方圓法律事務所　涂成樞律師

出版日◇二〇一五年十二月

大拓　Talent Tool

永續圖書線上購物網　www.foreverbooks.com.tw

國家圖書館出版品預行編目資料

超自我的終極心理測驗 / 伍似珊編著. -- 初版.

-- 新北市：大拓文化, 民104. 12

面；　公分. -- (輕鬆生活館；27)

ISBN 978-986-411-022-3(平裝)

1. 心理測驗

179. 1　　　　　　　　　　　　104022915

Part 1

浪漫滿屋：看妳是不是個愛情大贏家

婚姻透析：讓自己的婚姻永遠持久保鮮

Part 3

「性福」曝光：親臨「性」的神祕

Part 4

情緒測量：尋覓自己真實的情感之源

Part **1**

浪漫滿屋：
看妳是不是個愛情大贏家

1. 你會為情所困嗎

測試說明

　　愛情固然是美麗而多彩的，而處於戀愛中的男女真的能執子之手，與子偕老嗎？真的不會為情所困嗎？站在十字路口的你，該如何面對呢？

測試開始

　　第一次約會，總要挑個吉日出門，再戴個幸運符來提升戀愛運，如果還講究的話，你覺得哪一個地點最有助於你的愛情發展呢？

　　　□　A：咖啡廳
　　　□　B：電影院
　　　□　C：動物園
　　　□　D：百貨公司

測試結果

A 你很尊重對方的意見，可是如果愛情走到了盡頭，你也會非常的不捨，時時刻刻還牽念著與愛人相關的一切記憶。即使經過一段時間後，生活漸漸恢復正常，其實內心仍然還希望能有破鏡重圓的機會。

B 愛情是你的獵物之一，錯過了眼前的這個，你的視線馬上就瞥見不遠處的另一個，心境可以轉換得很快，戀愛對象也能換得又快又乾脆。你不會把碰釘子這種事看得太嚴重，反而認為天下芳草何其多，何必單戀一枝花（草）？

C 你非常容易被愛情傷得很重，因為你是個重感情的人，總將全部的心思放在對方身上。當情海生變，你馬上會不知所措，頓失人生方向。失戀後你會將自己的內心緊鎖，要療傷好久，才能慢慢復原。

D 你知道感情是不能勉強的，如果兩人的緣分已盡，你也能泰然處之，大方地和對方說拜拜，並給予祝福。每一次的戀愛，在你看來都是一次修行，可以從中體會愛情的真諦和學習愛人的方式。對愛情有如此正面想法的你，道行當然是很高的！

面對戀人，我們要付出真誠的愛，要一心一意地去經營這份來之不易的戀情。然而，當愛情走到盡頭的時候，我們也要坦然地去面對，泰然處之，不能深陷痛苦中無法自拔，更不能視對方為敵人，惡意地去報復他。因為在愛情中，沒有誰對誰錯，與其把自己傷害得遍體鱗傷，不如微笑釋之。把每一次戀愛，都看成是人生的一次修練，從中體會愛情的真諦和學習愛人的方式。

2. 你今生會遇到幾次戀情

 測試說明

　　每個人一定都不想被人冠以「花心大蘿蔔」之類的封號，可是誰都想得到異性的肯定。你想知道自己這輩子可能會遇到幾次戀情嗎？你想知道自己這輩子會遇到幾個愛你的人嗎？答案就在下面的測試結果中。

 測試開始

　　如果你有男（女）朋友了，你覺得下面哪件事會是你們最喜歡做的事呢？

- ☐ A：一起到沙灘漫步
- ☐ B：一起逛街買東西
- ☐ C：一起到咖啡廳喝下午茶
- ☐ D：一起聊天或是看電影

測試結果

A 你會遇到的戀情在2次以下。

你是個很重情的人，也很珍惜目前雙方的感覺，所以你不會主動背叛，若是愛情順利美滿，這輩子可能就此與他（她）相偕到老，廝守終生。只是死心眼的你最不能忍受情人的背叛，一旦對方對不起你，你便有可能放縱自己，甚至可能因此輕生尋短見。

B 你會遇到的戀情可能連自己都數不清。

你很隨性，也喜歡結交不同的異性朋友，常常是看順眼就在一起，不順眼就分開，所以你總是戀情不斷，卻幾乎從來沒有一段感情是真正讓你留戀的。也許隨著年紀增大，或是有婚姻的承諾與束縛，你才可能收斂自己放蕩不羈的輕狂行為。

C 你會遇到的戀情是3～5次。

你不習慣跟異性聊天談心，即使有了對象也是一樣，別人總是捉摸不透你的想法，對你始終不瞭解。所以一再發生誤會，即便你心裡再怎

麼不願意，對方都可能因為你總不解釋原因而
憤然離去。你的戀情雖多，卻不容易維持長久。

D 你會遇到的戀情在5次以上。

你太喜歡定義愛情，也喜歡對另一半頤指氣
使，不肯真正用心去關心對方，唯有失去之後
你才可能翻然悔悟，想要好好珍惜，對方卻不
再給你任何機會。一般來說大概5次，你便知
道如何拿捏異性的心理了。

　　測試你今生能遇到幾次戀情，不是具有神秘色彩
的「迷信」，而是根據你的個性、戀愛觀等，透過邏
輯推理而得出的。這個測試能讓你認識到全面的自己，
從而採取相應有效的行動方案。戀情多的人要注意了：
趕緊抓住幸福的戀情，不要讓它從你身邊輕易溜走，
要不然，失去了就追悔莫及ゝ！

3. 你是他一生唯一最愛的嗎

測試說明

　　他（她）是你的最愛，但你是他（她）的最愛嗎？只有彼此都是對方的唯一知己，你們的愛情才是最刻骨銘心的，也才最有可能長久，也才能經得起現實的考驗。要想知道你是不是他（她）的最愛，做完下面的測試，就知道答案了。

測試開始

1. 他(她)有對你說過「我愛你」嗎？
   有→2
   沒有→3

2. 說過幾次？
   一次→4
   經常說，不記得了→3

3. 他(她)會清楚地記得你喜歡吃的零食嗎？

   會→6

   不會→4

4. 他(她)有寫過情書或類似於情書的信件給你嗎？

   有→7

   沒有→5

5. 他(她)有誇獎過你帥(漂亮)嗎？

   有→7

   沒有→6

6. 你們吵架了，他(她)會先來哄你嗎？

   會→7

   不會→8

7. 逛街時收到房屋廣告，他(她)會順便和你描繪一下你們未來的家嗎？

   會→9

   不會→8

8. 在你面前，他(她)會讚美其他異性嗎？

   會→9

   不會→10

9. 很晚，你的一位異性同事家裡發生火災，要你去幫忙，他(她)會生氣嗎？

   會→10

   不會→11

10. 你突然間説心情很差，他(她)會放下工作來陪你嗎？

會→12

不會→11

11. 上個月你説你特別喜歡一款很名貴的手錶，他(她)會在領了薪資後買回來給你一個驚喜嗎？

會→13

不會→12

12. 你説地球是方的，他(她)會假裝贊同你嗎？

會→14

不會→13

13. 當你為工作煩惱時，他(她)會哄你開心嗎？

會→15

不會→14

14. 你的生日宴會，他(她)會精心準備嗎？

會→A型

不會→B型

15. 朋友的婚禮上，他(她)會羨慕地對你説：「好想我們也這樣嗎？」

會→C型

不會→D型

測試結果

A 你是他(她)生命中一個重要的過客。

你們相處時有過的甜蜜他(她)至今仍然記在心底，雖然他(她)記住了你所有的好，但是在他(她)的心中你仍然不是最愛。

B 你是他(她)生命中的一個匆匆過客。

在他(她)心中，你就像一陣風來了又去，與其他的人並無不同，所以在他(她)心中，你當然不是最愛了。

C 你是他(她)生命中的唯一。

相處的日子總是有甜蜜與苦澀，他(她)會在青春逝去的歲月邀你與他(她)同看夕陽，你就是他(她)今生的最愛，那麼你也要好好地去珍惜他(她)哦！

D 你是他(她)生命中埋在心底的祕密。

你會　直被他(她)塵封在心底，他(她)會記得與你有關的一切，但是他(她)最愛的卻是他(她)自己。

　　如果他（她）是你的唯一，你是他（她）最愛的人，那就好好地把握和珍惜你們之間的關係，即使他（她）不像你愛他（她）那麼愛你，沒關係，相信你的付出總有一天能打動他（她）。如果你只是他（她）心目中的匆匆過客而已，你也別在一棵樹上吊死，因為愛一個人並不是不求回報的，因為人的精力和時間是有限的！根據不同的情況調整自己的戰略，相信屬於你的姻緣遲早會到來。

4. 你對你們的這份愛情忠誠嗎

測試說明

據美國科學家研究：人類的忠誠和腦下垂體所分泌的激素有關，而激素的分泌又密切地受環境影響！在物欲橫流的今天，你是否能抵抗種種誘惑，保持對愛情的忠誠呢？透過以下的測試，你就可以找到答案了。

測試開始

把你自己當成以下故事中的主角，再選擇劇情如何發展。

1. 子蜂是流行樂壇新進的作曲人，他正在用心地創作一首流行歌曲想拿去參加比賽。可是，曲譜寫下來後，他感到有些不滿意，修改了一遍又一遍，終於將作品完成。

「旋律雖然動聽，可是歌詞似乎不配！」子蜂點起了一支煙，習慣性地去了常去的酒吧！這時手機突

然響起來，傳來靈芝的聲音：「子蜂，我正在你家附近，你有空嗎？」

靈芝表示想陪他吃飯，「不過，今晚我必須替同事處理一些事，八點才能到。」靈芝說。

「一會兒我還有事要處理。」子蜂還是希望回家修改歌詞，故此推掉邀請。

「有什麼事？你不能為我而取消嗎？」

你猜子蜂怎麼回答？

☐　A：「我真的沒時間，改天再談吧！」

☐　B：「對不起，我沒心情。」

☐　C：「好吧，為了你，八點在雅思餐廳見吧！」

2. 這天，子蜂還在修改歌詞，因為明天是比賽截止日期，剛巧，靈芝到他家中做客。子蜂知道靈芝對流行音樂十分熟悉，於是將作品交給她過目。靈芝在曲譜上改了幾句歌詞，這卻出乎子蜂的意料。

你猜子蜂的反應如何？

☐　A：「這幾句歌詞改了之後變得順耳多了，謝謝你！」

☐　B：「我覺得有點怪。」

☐　C：「還是先前的動聽，你不該改掉我的創作！」

3. 作品成功入圍了，子蜂在比賽中獲得了獎項。曲終人散後，只剩下子蜂和靈芝兩個人，子蜂說：「謝謝你的支持！」

「沒什麼，你真的具備音樂才華。」靈芝回應道。

兩人沉醉在美好的氣氛中，子蜂不禁拉住靈芝的手。這時已是深夜時分。

你猜子蜂會對靈芝說什麼話？

❏　A：「今天晚上留下來陪我好嗎？」

❏　B：「我大概已經愛上了你！」

❏　C：「我送你回家。」

計分標準

得分　選項 題號	A	B	C
1	1	4	7
2	8	5	2
3	7	9	3

測試結果

21〜24 分：100%認真投入。

你真心真意愛著他（她），為了他（她），你願意付出所有。完全陶醉在愛河中的你，生命彷彿因為這段感情而變得有意義。你這種戀愛態度令伴侶感到無比的甜蜜和溫馨。當然，一天到晚老是纏著他（她）並不明智，讓彼此保留一些空間吧！

16〜20 分：遊戲式的戀愛。

或許因為沒戀人，所以你選擇目前的戀人。誠然，他（她）擁有一些令你欣賞的優點，可是，他（她）絕非你想下嫁（迎娶）的對象。仍不肯安定下來的你，要做好心理準備，環境稍一變化，這段感情就會無疾而終，或者玩出火來！

11〜15 分：欠缺溝通的戀愛。

兩人雖然互相欣賞對方，可惜欠缺默契，相互之間缺乏溝通。簡單地說，這段感情仍需努力！

6〜10 分：疏遠，不肯投入的戀愛。

在別人眼中，你倆很親密。但實際上，你倆並不如別人眼中那樣甜蜜。也許經歷過數次失敗的愛情，你已經失去往昔的大膽和熱情。你們互相隱瞞情感，這是多麼痛苦的事呀！

　　對目前的愛情是否忠誠，源於你對對方是否滿意和信任。針對測試的結果，要調整好自己的心態，做出對自己、對對方更有益的策略和行動。不要忙於戀愛，因為這種沒有快樂、沒有結果的戀愛終將會使你陷入一種無法自拔的困境。

5. 看他到底有多愛自己

　　攤開他的掌心，測測你們的愛情——他像你愛他那樣愛你嗎？

　　你是否覺得自己和以前不同了，現在你會無來由地傷感，會無來由地思念，那他也會時時刻刻地牽掛和思念你嗎？他對你的愛是否到了要與你白首偕老的程度呢？以上問題你能替他作完全肯定的回答嗎？如果還不能，來做這個測驗吧！

1. 當你幫他倒水或做別的事情時，他會是什麼反應？

　　☐　A：很幽默地跟你說：「Thank you!」

　　☐　B：一本正經地說：「謝謝。」

　　☐　C：「……」（默默地點點頭，不說話）

　　☐　D：沒有過這種情況

2. 你們最初的肌膚之親是怎樣的呢？

    ❏ A：會在不經意間把手搭在你的肩上

    ❏ B：會牽著你的手或手臂

    ❏ C：儘量避免和你的肌膚接觸

---

3. 你到商場去購物，回去的路上突然遇到他時，他的反應是：

    ❏ A：明明看到卻裝作視而不見

    ❏ B：遠遠地大聲招呼

    ❏ C：輕輕地點點頭，然後擦身而過

    ❏ D：停下來幫忙，然後把你送回家

---

4. 根據你對他的瞭解，除了你之外，他還同時和別的女孩交往嗎？

    ❏ A：不止一個

    ❏ B：好像沒有

    ❏ C：不清楚

---

5. 你們去餐廳時，他通常都帶你去坐哪一桌？

    ❏ A：最角落的位子

    ❏ B：靠窗的位子

    ❏ C：入口的位子

    ❏ D：未曾去過，所以不知道

6. 當你和他談起關於未來的話題時，他會：

　　❏　A：很樂意和你一起去幻想

　　❏　B：聽你自己說

　　❏　C：很不耐煩

　　❏　D：從未觸及過這個話題

---

7. 他對你的血型、星座之類的事情感興趣嗎？

　　❏　A：不僅問過而且和你做詳細探討

　　❏　B：問了之後只是笑一笑……

　　❏　C：沒興趣

　　❏　D：自己沒問過，但他已透過別的途徑知道

---

8. 他自己一個人去陌生的地方會寄信或明信片給你嗎？

　　❏　A：從沒寄過

　　❏　B：去每個地方都會寄

　　❏　C：偶爾會寄

　　❏　D：自己要求之後他會記得

9. 兩個人牽手去散步時，他會走在你的哪一邊呢？

❑ A：靠街道的那一邊

❑ B：靠馬路的那一邊

❑ C：不確定

❑ D：前面或後面

10. 當兩個人坐在公園的長椅或公車的椅子上時，你們之間的距離是：

❑ A：有些距離

❑ B：幾乎沒有距離

❑ C：從未坐在一起過

計分標準

得分 選項 題號	A	B	C	D
1	1	5	3	5
2	3	5	1	0
3	1	5	3	5
4	3	5	1	0
5	3	5	1	1
6	5	3	1	1
7	3	5	1	5
8	3	5	1	3
9	5	5	1	0
10	5	3	1	0

把每一題的得分加起來，再對照後面的測試結果。

測試結果

10～20分：立刻掉轉方向——逃跑。

如果你現在覺得已經有點喜歡他了，明智點！馬上回頭。他對你的態度是很明顯的——漠不關心。如

果你不捨得放棄，愈想接近他，他就愈想避開你，甚至討厭你。可能是彼此的性格差異太大，你只是被表面的東西所蒙蔽。選擇什麼樣的男朋友對你的生活會有很大的影響，不能沉迷於虛無的想像。當你有一天覺得自己已經離不開他的時候再想回頭，將會承受更多的痛苦。回頭想想，前面也許正有幸福等著你。儘量忘記他，這比任何事都重要。即使他可以在別人面前溫柔體貼、慷慨大方，但那個「別人」永遠不會是你。

21～30分：你真的願意玩這個遊戲嗎？

他可能是個遊戲人生、處處留情的人。他不會拒絕你，可能會滿足你的一些要求，甚至帶你去吃飯、溜冰、看電影。可是時間久了，你就會發現他身邊的女孩可能不止你一個。這個時候如果你開始認真了，那麼你們的遊戲可能也就此結束了。也許你的真心會讓他有些收斂，可是在你們相處的日子裡，陰影幾乎是無處不在的。他要的也許只是輕鬆和快樂，如果真的不捨得放棄，就不要陷入太深，你的含蓄和矜持也許是你們愛情最好的催化劑。讓他愛上你吧！

31～40分：努力就有好機會。

他可能還沒有愛上你，但是你不用心灰意冷甚至

選擇放棄。可能是他還沒瞭解你的真心，或你還沒將自己的心意傳達給他。你要讓他知道你的心意，但不可貿然行事，旁敲側擊讓他知道你的心，即使他不會馬上做出回應，這也不會影響你們感情的發展。只要你堅持不懈，最終一定會牽著他的手走上紅地毯的那一端。如果你無法忘記他，就繼續努力吧！但若行不通，不妨順其自然，相信時間會讓他瞭解你的感情。

41～50分：以你的誠意使戀愛成功。

何必要相互折磨呢！他也在熱情地等著你。他對你相當體貼，你一定也急著等他說出更體貼的話。而他應該是非常迷戀你，正努力地想要捕捉你的心。你也許不這麼認為，不過只要你誠心誠意地與他溝通，和他的戀情就會有很大的發展，他一直都很在乎你。你們現在要做的就是尋找合適的機會向對方表明心意。坦白地告訴他：你喜歡他。愛情來了，千萬不可放鬆，一定要抓住，別等它揚長而去後再對著它的背影黯然神傷。

趕緊行動吧！寫信或者給他打電話。順便送他一個表明愛意的小禮物，相信聰明的他會明白你的心。

剖析你的心

做完這個測試，你大概瞭解了你在他心中的地位了，根據你所處的實際情況，採取靈活有效的策略去處理你們之間的關係，相信你一定會獲得更大的快樂和幸福。

6. 你們的愛情還能撐多久

測試說明

　　你們還像初戀時一樣心靈相通嗎？他是否還像以前那樣寵愛、呵護你？如果不是，那就說明最近你和他可能有點疏遠，你們也許都為了維持這段感情而身心疲憊。那現在的你該怎麼辦呢？你還能撐下去嗎？還有必要撐下去嗎？你們在愛情的路上還能走多遠？不要匆忙決定，還是看看他的態度到底如何吧！

測試開始

　　第一部分：根據你們最近的狀況，選擇符合的敘述。

1. 最近很愛吃東西，不再擔心自己的身材。

2. 他不在的時候，已經不會時刻記起他，除非朋友跟你提起。

3. 回憶從前的點點滴滴，不再只是幸福，還夾雜了

聲聲的歎息。

4. 以前他身上你無法忍受的缺點,現在,不再指責、提醒,甚至可以視若無睹。

5. 你已經開始對他說謊了。

6. 不願再花過多的時間去選擇用哪一種香味的香水。

7. 旅行時拍的照片,都幾個月了還沒來得及沖洗。

8. 約會以後,已經不再想馬上要見他。

9. 為他打掃完凌亂的房間後,已筋疲力盡,他卻心安理得,你很生氣。

10. 你現在會答應朋友們一起去聚會或參加Party,甚至會主動邀請朋友出去玩。

11. 不明情況的人問你有沒有男朋友時,你沒有立刻告訴他「有」。

12. 最近,偶爾會忘記他所交代的事。

13. 和他約會前已沒有精心裝扮的心情。

14. 現在總覺得一切都已無法改變,是註定的。

15. 有時覺得一個人也很好。

第二部分:根據約會時的情況,選擇較符合實際情況的答案。

1. 每次和他見面時的話題大多是:
   ❏　A:總有著不同的內容
   ❏　B:基本是重複的話題

❏ C：各自敘述自己這些天的事情

---

2. 你們交往時的感覺發生了以下哪種變化？
　　❏ A：不再像從前一樣對約會有那麼大的興趣
　　❏ B：覺得他不再對你溫柔、體貼了
　　❏ C：煲電話粥的時間和次數明顯減少

---

3. 如果你告訴他要和朋友去長途旅行，他會：
　　❏ A：詳細地追問你們旅行中的每一個細節，比
　　　　　如路線、人員等
　　❏ B：不是滋味地說：「真好呀，有那個你經常
　　　　　提到的男孩嗎……」
　　❏ C：冷淡地說：「自己多小心！」就不再過問

---

4. 他的生活最近有哪些變化？
　　❏ A：升學、就業或跳槽
　　❏ B：喜歡上一種新的運動或遊戲
　　❏ C：常和他的哥們一起出遊或者結交了新朋友

---

5. 你們倆正在竊竊私語時被一陣門鈴聲攪亂，他的
　　反應是：
　　❏ A：無所謂的表情

❏ B：趕緊去開門

❏ C：覺得特別生氣或不舒服

---

6. 當你們為了用餐的地點而產生分歧時：

❏ A：他會順從你的意見

❏ B：你會順從他的意見

❏ C：到兩人提議的地點以外的地方

---

7. 你不知道他在哪兒，打電話找他，問他在幹什麼，他的回答是：

❏ A：笑著說：「你會在意嗎？」

❏ B：支吾著說：「和朋友見面。」「工作啦！」

❏ C：沒什麼特別表示

---

8. 假如你心情不好，深夜突然打電話給他說：「我想見你。」他會：

❏ A：委婉地拒絕道：「太晚了，改天吧！」

❏ B：不問理由地訓斥你道：「你怎麼總這麼仕性吶！」

❏ C：迷迷糊糊地對你說：「我想睡覺……」

9. 如果你告訴他說：「我發現我已經有些不懂你了」之類的話，他的反應是：

☐ A：反問你：「為什麼？」

☐ B：乾脆地說：「沒有呀！」

☐ C：沉默以對

10. 他惹你生氣之後，你們在冷戰。他會：

☐ A：先僵持著，最後還是會先妥協，跟你道歉

☐ B：愛理不理，待自己心情平復後，才又和以前一樣地和你交談

☐ C：等你打破僵局

計分標準

第一部分：每項1分。

第二部分：A項2分，B項1分，C項0分。

1. 若第一部分的得分為0～5分，

第二部分的得分為16～20分，則為A型。

第二部分的得分為8～15分，則為B型。

第二部分的得分為0～7分，則為C型。

2. 第一部分的得分為6～10分，

第二部分的得分為16～20分，則為D型。

第二部分的得分為8～15分，則為E型。

第二部分的得分為0～7分，則為F型。

3. 若第一部分的得分為11～15分，

第二部分的得分為16～20分，則為G型。

第二部分的得分為8～15分，則為H型。

第二部分的得分為0～7分，則為I型。

測試結果

A 別讓你的任性奪走你的愛情。

多為你們的愛情製造一些驚喜，既然彼此都還心存愛意，那就應該為這份愛再做一次努力。其實，分手的預感不過是庸人自擾罷了，這可能是彼此關係太過單調而導致的吧！如果現在就魯莽地分手，最後可能會後悔。你應該重新審視一下彼此，怎樣才能回到開始戀愛時的甜蜜，別隨便把分手掛在嘴邊。

B 注意自己的言行，暫時靜觀其變。

他的心態已經很平和，有些無所謂了，因為他

已不再像開始時那樣在意你的外表、你的健康甚至你的一切，對方可能開始考慮要分手了。最近，你對他的態度是否過於隨便？是否在他的面前言行不夠謹慎呢？如果這樣下去的話，他可能會主動提出分手。如果你也失去了對他愛的感覺，那就灑脫地對他說：「結束吧！」如果你還是捨不得放棄，最好是靜觀其變，如果真的到了盡頭就別再猶豫和勉強。

C 為自己的愛情再拼一次吧！

你對他的愛已經「情」入膏肓，如果就這麼隨他去，你心底的傷口可能很長時間都難以癒合。他似乎對你很冷漠，但是，你仍舊深愛著他。因此，你要努力讓他再回頭。絕對不要想當然地認為：既然他不愛我，那就算了吧！千萬不能輕易放棄，否則，分手的時候，你會很痛苦。帶著傷痛是很難步入下段感情的，你也根本無法給下一個他一個完整的你。盡自己最大的努力吧，試著改變自己，讓他有新鮮感，他也許還會回來的。

D 別弄假成真。

他也許從來沒想過分手，但是你老是在他的耳邊嘮叨你的不滿，小心他會動搖的。也許你自認為他很寵愛你，自信不會被他拋棄。難道你真的想和他分手嗎？倘若一個人會覺得孤獨、寂寞的話，建議你不要分手。請小心自己任性的行為和想法。你的任性很可能使他的自尊受到傷害，到時即使你後悔也沒人陪你掉眼淚！

E 你們的愛情只在一念之間。

你們似乎不約而同地認為愛真的走到了盡頭，可能彼此心中都有分手的想法，只是都不願主動提出。你們兩人似乎都認為乾脆分手會更好！只要一方提出分手，可能兩人都會立即解脫。但是，如果其中的一方還是無法承受彼此分離的心理落差，捨不得放棄，還想繼續，那你們的分手一定不會徹底。

那麼，該怎麼辦呢？如果彼此覺得分開可以找到更好的歸宿，能夠找到比現在更合適的另一半，或者你已有了心儀的對象，也可以和他分手。不過，既然離開了，再回來可是需要勇氣的！

F 再問自己一次，你現在能離開他嗎？

你在他心中的位置已經不是最重要的了，看樣子，他好像早就有意和你分手了。但是，因為你這麼愛著他，使得他說不出分手的話語。現在，表面上你們還在交往；實際上，卻是你一廂情願。

該怎麼辦呢？要不要下定決心讓他走呢？否則的話，就假裝不懂他的心思，繼續和他玩一場愛情遊戲，這也是一種方法。只是你要有充分的心理準備去承受被拋棄的痛苦，如果他真的不再愛你，這一天總會到來。

G 何不嘗試一下單身貴族的愜意呢？

你們兩人可以開口提出分手了，為什麼不說出來呢？難道你不願意主動提出分手嗎？或者是因為你還愛著他呢？但是，和不喜歡的人一起生活，只會帶來痛苦。總之，你們遲早會分手。所以，請趕快做好一個人過日子的心理準備吧！也許這還會是你生活的另一個轉機呢！

H 此時不分，更待何時！

在彼此還心存美好的時候，儘量地保存這份美好吧！別等到維持不下去的時候再去彼此傷

害。你們現在正處於一觸即發的狀態。如果你想再稍微拖延一下分手時間的話，那麼就應該聽從他的安排。請利用這段時間做好面對即將來臨的悲痛現實的準備吧！唉！也許分手後，你對他還會有一些依戀。如果你不願面對如此結果的話，那麼就先甩掉對方吧！既然是由自己主動提議的，那麼應該就可以更加釋懷了吧！這樣也可以給自己一個坦然面對的理由。

I 你是在耗費自己的時間和生命！

如果你一時還不能接受沒有他的生活，那就離開你現在住的地方，進行一次長途旅行，或去朋友、親戚家過一段日子，遠離會讓你想起他的任何地方，或者乾脆找一個新的戀人。現在已到了分手的時刻，你們的愛情已降至冰點了。再這樣下去，坦白地說也只能算是耗費時間和生命。人生不是一次無盡頭的旅行，每一段都要讓自己活得精采！

　　愛情這條路有人走得很艱辛、很痛苦，而有的人卻走得很順暢、很開心。不管愛情到最後能否有結果，能否和他（她）一起走上紅地毯，都應該坦然地去面對。擺正自己的心態，把愛情看成是人生中的一次旅行，享受過程本身，何必太在意結果呢！當愛情走到盡頭時，請不要傷感，微笑著對他說：「謝謝你陪我度過了美好的時光！」然後大步向前繼續尋找另一份快樂和幸福。

7. 你戀愛的致命弱點在哪裡

測試說明

　　戀愛並不是一切皆如自己所願的，心中憧憬的場景和實際情況總是大相徑庭，在表白的緊要關頭卻變得膽怯，無法讓心愛的他（她）真正瞭解自己。是什麼原因讓你的戀情停滯不前呢？這個測驗，就是要檢驗你戀愛上的弱點在哪裡。

測試開始

　　這裡是南太平洋上的珊瑚島，白沙、翡翠色的海、彷彿可看透的藍天，構成一幅美景。在波浪拍打的沙灘上，有一位美女獨自漫步，海風吹起她的金髮，她擁有健康的肌膚，還有模特般的惹火身材。而且，她是一絲不掛的。她為什麼一絲不掛呢？請選擇一個理由。

☐　　A：那裡是屬於天體營俱樂部的小島

☐　　B：她以為自己是穿著泳衣的

> ☐ C：她是個女演員，正在拍攝電影
>
> ☐ D：那裡是個無人島，島上只有她一個人

A 受倫理觀阻礙的類型。你是個天生守規矩的人，在戀愛上常常受社會規範束縛，而無法踏出最重要的一步。何不率直地行動？

B 受自卑感阻礙的類型。你是否常常自認沒有很好的條件而自行放棄？你容易將自己評價得太低而且有害怕被拒絕、害怕傷害自己的想法，這正是你戀愛上最大的敗因。請對自己更有自信之後，再開始談戀愛吧！

C 受完美主義阻礙的類型。任何事情不做到完美就無法釋懷，這種心理羈絆了你的戀愛腳步，使應該有結局的戀愛也不了了之。你最好能夠明白沒有人是十全十美的，也唯有如此你才能找到真正屬於自己的幸福。

D 人際關係的多慮成為阻礙的類型。你過度在意周圍的人，而無法自由戀愛，希望得到有父母

親和朋友們祝福的戀愛，你的這種想法太強烈，而致使最在意的戀愛也失敗了。不要奢望每個人都認同你的想法，最重要的是依自己的價值觀行動。

　　戀愛是一件很美妙的事情，可是在愛情的道路上每個人並不都是一帆風順的，總會有磕磕絆絆、不開心，處理不好就會一拍即散。誰也不想受到傷害和傷害別人，誰也不想在戀愛中失敗，也不想在戀愛中處於被動狀態，這就需要你在戀愛技巧方面多下些工夫。

8. 你現在的戀愛成功率有多大

測試說明

　　你已處於甜蜜的戀愛之中了嗎？對你們的未來有過困惑嗎？你想知道你的戀愛有多大的成功率嗎？如果想知道的話，那就認真完成以下測試，根據真實感覺選擇答案。

測試開始

1. 與情人相處，能否直接詢問對方是不是愛你？
   ☐ A：能
   ☐ B：不能

---

2. 戀愛結婚主要是為解決：
   ☐ A：性欲
   ☐ B：生活
   ☐ C：其他

3. 從戀愛到結婚的時間是否需要長一點？

   ❏　A：要
   ❏　B：不要

4. 嫉妒是什麼信號？

   ❏　A：愛
   ❏　B：不安
   ❏　C：競爭

5. 可以在情人面前與別的異性過於親熱嗎？

   ❏　A：可以
   ❏　B：不可以

6. 能同時和兩個人要好嗎？

   ❏　A：不能
   ❏　B：能

7. 許多人對婚後生活滿懷期望，結果卻常常落空，
   是這樣嗎？

   ❏　A：是
   ❏　B：不是

8. 哪種人最經不起失戀和孤寂之苦，女人還是男人？

    ❑ A：女人

    ❑ B：男人

---

9. 忠貞是維持婚姻的重要原則嗎？

    ❑ A：是

    ❑ B：不是

計分標準

題號　得分　選項	A	B	C
1	1	3	—
2	1	0	3
3	3	0	—
4	3	0	1
5	1	3	—
6	3	1	—
7	3	0	—
8	3	0	—
9	3	1	—

測試結果

　　將你的得分除以30乘上100%，得數即為成功率（最高成功率為90%）。

剖析你的心

　　本測試只是根據你們目前的愛情發展狀況測試的，如果成功率較低也不要輕言放棄，努力去爭取吧！畢竟愛情來之不易！

9. 你的戀人有沒有想逃脫的想法

測試說明

　　戀人和時尚一樣，你可要時時刻刻注意它！小心！別穿了過季的衣服，愛上想跑的男人。

　　當你開始關心時尚流行的時候，就表示你已經抓住了每一季的流行色彩、流行布料及款式，進而穿出自己的風格。而你身邊的戀人呢？他到底是心甘情願地留在你身邊，還是已經開始有了逃跑的念頭，甚至是已在等待逃跑的機會？如果你能早一點識破他的逃跑動向，追不追他，則全都可以由你主控，戀人想跑可就沒這麼容易了。

測試開始

1. 你和他一同去逛街時，看上一件新衣服，他的反應是：

　　☐　A：視而不見，快速離開

❑ B：把衣服批評得一無是處，認為你品位不高

❑ C：讚美你的眼光，希望你去試穿

❑ D：你若希望他送給你，他勸你應該自己有能力再買

---

2. 你和戀人獨處的時候，他常常是：

❑ A：心不在焉，只談些無關痛癢的瑣事

❑ B：不停地接聽朋友的電話，講得很開心，忘了你的存在

❑ C：他會製造一些浪漫的氣氛，讓你渴望與他獨處，享受兩人世界

❑ D：和你獨處不到十分鐘，就想去約親朋好友一同吃飯或玩樂

---

3. 你此刻最想和他說的一句話：

❑ A：你到底想怎樣，要分手或在一起，請講明白好嗎？

❑ B：你再忽略我的存在或價值，我們就不要在一起了

❑ C：多愛我一點好嗎？

❑ D：我要你全部的愛

4. 你和戀人吵架時，他的態度是：

　　❏　A：一副要決裂的模樣，言語及神情冷硬

　　❏　B：懶得理你，你再生氣他也無動於衷

　　❏　C：吵架歸吵架，最終他還是會安撫你的情緒

　　❏　D：很容易憤怒，對你感到諸多不滿意

選擇較多的選項即是你答案的偏向。

偏向A：戀人「逃跑」指數──有向上攀升的危險，他
　　　　　已經有逃跑的念頭。

　　　　　雖然在他內心深處，目前還覺得逃跑會有罪惡
　　　　　感。但是，當你和他有意見上的衝突或是相處
　　　　　上有不協調時，他的逃跑念頭就會更強烈，想
　　　　　一走了之，跑到天涯海角，暫時忘記你的存
　　　　　在。不過，事後他又會後悔。

偏向B：戀人「逃跑」指數──已到達巔峰，他隨時、
　　　　　隨地都會逃跑。

你最好要有心理準備，他目前只是在等待最適合的時機，只要他一抓到機會，他會絕不回頭地逃跑。

偏向C：戀人「逃跑」指數——偏低。

沒有任何逃跑的念頭，雖然偶爾你會看他不順眼，但是他仍是個不錯的伴侶，十分鍾情於你。所以，目前大可放心地享受一切。

偏向D：戀人「逃跑」指數——逃跑指數不高。

但是，對於你的興趣指數也不高，已有危險的警訊出現。他目前總覺得愛情生活乏味，只是彼此習慣而已，沒什麼激情和衝動。

　　答案偏向A的你，目前追不追他——天啊！當你開始煩惱戀人已經有逃跑念頭的同時，自己也想乾脆比他先逃跑好了，不過你還是比較容易忍受他忽冷忽熱的矛盾情緒。所以，何不加把勁，好好地抓住他，看他看得緊一些，讓戀人想逃跑的念頭減少，自己也快樂滿足地沉浸在戀愛的甜蜜中。

答案偏向B的你，目前追不追他——你還是算了吧！花心思去追求一個早已變心的男人，是非常不值得的。放了他也等於放了你自己，何必一個人獨撐這抓不到的愛的痛苦與無奈，早些放手，你會覺得更快樂、更輕鬆。如果你仍死不放手，只會堅定他逃跑的決心。

　　答案偏向C的你，目前追不追他——此刻的你，是個幸福滿足的小女人，被疼愛的感覺很好。目前你不用擔心他會逃跑。

　　答案偏向D的你，目前追不追他——如果覺得戀人仍值得你去愛，一定要徹底改變目前一成不變的戀愛狀況。若即若離、製造新鮮的生活情趣，是最重要的。否則任何來自外界的誘惑，都會使他逃跑。

10. 在異性眼裡，你受歡迎嗎

測試說明

你是受異性矚目的萬人迷，還是被異性冷落的醜小鴨呢？做了下面的測試，你就明白了。請由第一題開始，選擇一個較符合你狀況的答案，再依照指示前往下一題。

測試開始

1. 你旅行時，最想去哪個地方？
   - ☐ A：北京→2
   - ☐ B：東京→3
   - ☐ C：巴黎→4

2. 你是否曾在觀看感人的電影時泣不成聲？
   - ☐ A：是→4
   - ☐ B：否→3

3. 如果你的男(女)朋友約會時遲到一個小時還未出現，你會：
   - ❏ A：再等30分鐘→4
   - ❏ B：立刻離開→5
   - ❏ C：一直等待他(她)的出現→6

4. 你喜歡自己一個人去看電影嗎？
   - ❏ A：是→5
   - ❏ B：不→6

5. 當他(她)在第一次約會時就要求吻你，你會：
   - ❏ A：拒絕→6
   - ❏ B：輕吻他(她)的額頭→7
   - ❏ C：接受並吻他(她)→8

6. 你是個有幽默感的人嗎？
   - ❏ A：我想是吧→7
   - ❏ B：大概不是→8

7. 你認為你是個稱職的領導者嗎？
   - ❏ A：是→9
   - ❏ B：不是→10

8. 如果可以選擇的話，你希望自己的性別是：

❑ A：男性→9

❑ B：女性→10

❑ C：無所謂→D

---

9. 你曾經同時擁有一個以上的男(女)朋友嗎？

❑ A：是→B

❑ B：不是→A

---

10. 你認為自己聰明嗎？

❑ A：是→B

❑ B：不是→C

測試結果

A 恭喜！你對異性有很大的吸引力！在異性的眼中，你有一種魅力。你不只有美麗的外形，而且有幽默和大方的個性。你應該是一個很有氣質的人而且深諳與人相處之道，你很懂得支配你的時間，所以你在異性中很受歡迎。

B 很好！你很容易便可以吸引異性，但是你並不

容易陷入愛情的陷阱。你的幽默感使得人們樂於與你相處，他(她)與你在一起時非常快樂！

C 尚可！你並不能特別吸引異性，但是你仍然有一些優點，使異性喜歡跟你在一起。你應該是一個很真誠的人，而且對事物有獨特的眼光。在你的朋友眼中，你是一個很友善的人。

D 欠佳！你並不能吸引異性。你並沒有十分淵博的知識，也沒有什麼特別的人格特質。對異性來說，你顯得過於平庸，所以你並不受異性的歡迎。

要想受異性歡迎，有幾個必備的條件：自信、大方、氣質高雅、道德高尚、知識豐富等。

11. 愛情中的你容易遇到什麼麻煩

測試說明

好不容易有了戀情，本以為就是幸福的開始，沒想到麻煩也跟著悄悄降臨。兩個人相處是一門很大的學問，可你知道你的愛情容易遇到怎樣的麻煩嗎？做個小測驗，也許你就會發現。

測試開始

1. 你每個月花在衣著打扮上的錢多嗎？
   - ❑ A：不多，穿著打扮只要不失禮就可以了
   - ❑ B：有點多，不過我會節省其他方面的開銷
   - ❑ C：還不少，常常與人攀比

2. 你喜歡閱讀一些關於愛情的書籍嗎？
   - ❑ A：不怎麼喜歡，愛情很不順才會去看這些書
   - ❑ B：很少，我覺得書上寫的都沒有什麼用

❏　C：我很喜歡看，而且常常感動得痛哭流涕

3. 你認為自己是不是一個不太會控制情緒的人？
　　❏　A：是，很容易受人影響，脾氣也不好
　　❏　B：不是，我不喜歡生氣，常常把不愉快壓抑在心裡
　　❏　C：很難說。我會生氣，不過也會試著和對方溝通

4. 如果可以選擇，你覺得死後的世界最好是怎樣的？
　　❏　A：有很多奇怪的人，是個新奇好玩的地方
　　❏　B：全部都是好人，是個和氣祥和的地方
　　❏　C：有很多談得來的好朋友的地方

5. 是否常常一覺起來不知道今天到底要做些什麼事情？
　　❏　A：不是，知道該做什麼，不過會害怕一個人獨處
　　❏　B：沒錯，感覺生活很空虛，自己像行屍走肉
　　❏　C：有很多事情要做，常常覺得時間不夠用

6. 如果想一個人躲起來，你會選擇什麼樣的地方？

   ❑ A：崇山峻嶺，人跡罕至的地方

   ❑ B：無人的島嶼，別人想不到的地方

   ❑ C：世外桃源，別人永遠找不到的地方

---

7. 有一天坐飛機，突然機長宣佈可能墜機的消息，你會：

   ❑ A：打電話給一輩子最珍惜的人，跟他（她）說心裡最想說的話

   ❑ B：坐立不安，就算害怕也要親眼目睹生命的最後一刻

   ❑ C：很驚慌，乾脆好好睡一覺，聽天由命

---

8. 你覺得自己是一個超級自戀的人嗎？

   ❑ A：不是，其實我很怕照鏡子，總擔心會情不自禁地愛上自己

   ❑ B：不是，我照鏡子通常只是整理儀表，很少駐足長看

   ❑ C：有過，如果在外面風光得意，可能就會照鏡子看一下自己

9. 你是否曾經有過輕生的念頭？

    ❑ A：有過，不如意時，就會有這種可怕的想法

    ❑ B：偶爾有過，其實很怕死的

    ❑ C：是的，而且還曾經偷偷試過

10. 如果只能選擇下面一個，你會選擇怎樣的伴侶？

    ❑ A：心意相通的

    ❑ B：有錢多金的

    ❑ C：身材面容姣好的

計分標準

得分 題號　　選項	A	B	C
1	5	3	1
2	3	1	5
3	1	5	3
4	1	3	5
5	3	1	5
6	1	5	3
7	5	3	1
8	1	5	3
9	3	1	5
10	5	1	3

把每一題的得分加起來，再對照後面的測試結果。

測試結果

20分以下：你容易有外遇、第三者的麻煩。

你喜歡憑感覺來選擇愛情，容易把對對方的欣賞誤認為喜歡，進而昇華成為一段愛情。只是相愛容易相處難，來得快的愛情去得也常會很快。當一個條件好的第三者出現後，你就很容易又傾心，再度墜入愛情的迷惘中。

21～30分：你容易有跟情人個性不合的麻煩。

你跟另一半都喜歡包裝自己，讓人感覺你是全天下最好的男（女）人，也令人有想進一步與你交往的衝動。只是交往之後，你們便原形畢露，雙方的缺點也都一一浮現。久而久之，除了爭吵怒罵之外，你們並沒有太多的共同點。

31～40分：你容易有跟情人意見不合的麻煩。

你跟情人都是很要強的人，對事情的看法常常意見不同，又各自堅持，不懂得相互讓步，很多時候都不歡而散。日子久了，習慣成自然，這也漸漸成為你們愛情中一顆不定時的炸彈，一旦爆發，感情可能也就沒了。

超過40分：你容易有反對勢力介入的麻煩。

你本身是個很感性的人，做起事來常常固執己見，不管旁人的意見。追求愛情時更是義無反顧、毫無顧忌，常常會因為對方而得罪了朋友甚至家人而又不自知。不被朋友和家人祝福的愛情，很容易讓你們承受過多壓力導致最後分手。

無論是剛步入婚姻的「小倆口」還是正處於熱戀中的情侶，大多數都難免會遇到一些麻煩，比如兩個人意見不一致、性格不相符或者第三者出現等。這時只有兩個人之間相互理解並做出一系列讓步才能有效地解決這些麻煩。

針對兩個人可能遇到的麻煩，專家做出了相應的建議：

20分以下的人，你要用心地去經營這份愛情，試著瞭解、包容另一半，學會與另一半溝通和相處。否則換了對象也並不能降低你情人的變換率。

21～30分的人，要真實、自然地表明自我。各退一步，才能海闊天空，才會找到真正適合你的人。

31～40分的人，切記不要鬧情緒，不要記恨對方

的過去，愛情的決裂常常是因為人們太愛翻舊帳。

　　超過40分的人，要注意多和對方的家人、朋友溝通，也要把情人帶入自己的生活圈。瞭解始終是信任的基礎。

在戀愛中，你持怎樣的態度

12.

測試說明

　　每個人在戀愛過程中所持有的態度和所表現的行為是千差萬別的。對下列問題做出「是」或「否」的回答，以便從中發現你自己在戀愛中的態度。

測試開始

1. 相對於冷色系的顏色來說，你更喜歡暖色系。
2. 是急性子的人。
3. 不愛聽別人的意見。
4. 經常換髮型。
5. 過去有過「腳踏兩隻船」的情況，或現在正是這樣。
6. 喜歡追求刺激。
7. 到現在為止交往過的男（女）朋友不超過3個人。
8. 即使失戀了也恢復得很快。

9. 食欲經常很旺盛。

10. 上學時，就算是沒有把握也積極回答問題。

11. 有戀人後，就會以戀人為生活的中心。

12. 即使有不高興的事，睡一覺就會忘掉。

13. 能較多地考慮對方的心情。

14. 雖然機會很小，但是喜歡上了也沒有辦法。

15. 認為友情發展到愛情的機率很小。

16. 認為在與戀人的交往中，性生活是否和諧很重要。

17. 幾乎都是我向異性進行表白。

18. 認為「戀愛是沒有理智的」。

19. 在四個季節中最喜歡夏天。

20. 喜歡耶誕節、生日宴會等。

計分標準

回答「是」的題目數為主。

測試結果

16個以上：很積極

在戀愛中你屬於很積極的類型。只要喜歡就勇敢
地去表白，認為首先要向對方表達自己的想法，然後

才能瞭解對方並進一步交往。所以表現得很積極。

11～15個：朋友的協助會增強其積極性

在戀愛中比較積極。但只是思想積極，在行動上卻常望而卻步。這時朋友的支持是很重要的，因為本來就有積極性，所以在受到幫助和鼓勵時會付諸行動。

6～10個：愛管別人的事，但一到自己身上……

你對別人的戀愛能給出積極的、有效的建議，但是一到自己身上就變得很消極。舉個例子，朋友向你說他的戀愛故事時，你能給他各種建議。但對自己的戀情，即使朋友給你提了建議，你往往也不能接受。

5個以下：過於消極

過於消極的類型。不會向對方表白自己的愛慕之情，即使開始交往也不會主動地給對方打電話，也不會表現出「喜歡」的樣子。如果總是過於消極，對方討厭你的可能性就很大。

戀愛心理是一個複雜的漸進的過程，是一對戀人相互理解、相互包容的過程。戀愛分為以下幾個階段：

1. 感受階段

這是愛情的萌芽階段，即男女在交往中，產生了對對方的愛慕之情的階段。在這一時期，異性的外貌將起到關鍵性的作用，它能夠激起感官快樂。一些人可以憑著這短暫的感受就一下子墜入「情網」，導致盲目戀愛。這是一種相當原始的感受，因此它是經不起風吹雨打的，也容易使人見異思遷。

2. 注意階段

一旦被某個異性所吸引，就會自覺地將注意力集中指向這位異性所從事的一切活動、興趣愛好以及家庭情況等。進而考慮自己如何和他（她）接近，怎樣表露真情，並時而設想一些相會的情景。此階段多表現為「單相思」、「白日夢」，如果沒有適當的時機，愛慕之情就會隨之消失或埋在心底。

3. 求愛階段

對於求愛者來說，這是重要而且困難的階段。在這一時期，求愛者心理比較複雜，各種擔憂不斷湧現：怕向對方表白後遭拒絕；怕表白時太緊張而張口結舌；擔心求愛不成反被譏笑等。這一階段容易出現求愛挫折，產生心理障礙。

4. 戀愛階段

一方表白、一方接受，雙方的戀愛關係就確定了。

求愛成功後，愛情的扁舟就駛入了愛情的海洋，兩個
人之間就開始了共同的情感交流活動。在這個階段中，
成熟起來的人能夠正確看待愛情和事業的關係，同時
考慮到愛情的前途和未來。

你交不到男朋友的原因

測試說明

你想交男朋友嗎？一直都交不到男朋友嗎？是否常常覺得自己條件還不錯，可是卻總無人關注、屢戰屢敗？你想知道自己有怎樣的交友障礙嗎？做了下面的小測試，你就會翻然醒悟。

測試開始

1. 你平常是否喜歡看時尚雜誌？
   - ❑ A：有啊，我都會買，很喜歡看
   - ❑ B：很少吧，平常很少看這種雜誌
   - ❑ C：朋友如果買了就借來翻翻

2. 你目前有沒有做髮型設計？
   - ❑ A：沒有，只是整理整齊就好了
   - ❑ B：沒有，頂多只是染染頭髮而已

❏ C：有，我到專業美髮店去設計過

---

3. 你平常是否有吃一些小零食的習慣？

❏ A：有，但吃得不多，擔心身材走樣

❏ B：吃得很少，我不怎麼喜歡吃零食

❏ C：有，我嘴巴常常不停地吃零食

---

4. 你覺得自己是不是一個很愛花錢的女人？

❏ A：是，常常禁不住誘惑拼命花

❏ B：偶爾，有時會忽然狂亂花錢

❏ C：不是，我喜歡存錢

---

5. 學生時代你是否有過打工的經驗？

❏ A：沒有

❏ B：有，我多半是到便利商店工作

❏ C：有，我會找家教或補習班的工作

---

6. 如果給你選擇，你會當哪個故事中的女主角？

❏ A：被王子親吻的白雪公主

❏ B：被王子拯救的睡美人

❏ C：麻雀變鳳凰的灰姑娘

---

7. 你房間的佈置通常是怎樣的呢？

　　❑ A：東西不多，看起來清爽整齊

　　❑ B：比較偏向單一色系

　　❑ C：放了不少心愛的東西，是一個凌亂但可愛
　　　　　的小窩

8. 你常運動嗎？

　　❑ A：經常會去打打球或是去健身房

　　❑ B：我不喜歡動

　　❑ C：不常運動，不過基本上我挺好動的

9. 如果你突然在路上撿到一筆錢，這時候你會：

　　❑ A：雖然心動，不過可能會把它交給員警吧

　　❑ B：當然是拿來自己用，可以買很多東西呢

　　❑ C：不知道該怎麼辦，找親朋好友想辦法

10. 你覺得男朋友的年紀最好是：

　　❑ A：比我小，我不太喜歡被人管

　　❑ B：大小無所謂，只要愛我就可以了

　　❑ C：比我大，因為會比較成熟

計分標準

題號＼得分＼選項	A	B	C
1	1	5	3
2	5	3	1
3	3	5	1
4	1	3	5
5	3	1	5
6	1	5	3
7	5	3	1
8	1	5	3
9	3	1	5
10	1	5	3

把每一題的得分加起來，再對照後面的測試結果。

測試結果

10～20分：你的原因出自於「眼光高」。

你本身的條件不錯，追求你的男人也不少，可是你卻總是不滿意，好還要更好，總在期待一個條件更

好的男人來追求你。雖然追求者中也有人讓你心動，只是他們也有某些缺點讓你無法接受。所以你雖然有異性青睞，卻仍然待字閨中。

21～30分：你的原因出自於「矜持」。

你不是沒機會，你的條件也很好，但是你過於矜持了。女人總是喜歡被捧在手掌心上，總是希望心儀的他可以再多付出一點，總是希望他能通過你的重重考驗。偏偏每個追求你的人總選擇半途而廢，讓愛情的春天遲遲無法來到你身邊。

31～40分：你的原因出自於「做作」。

你喜歡在異性朋友面前耍酷，總是表現自己冷酷的一面，卻忘了展現自己那顆溫柔善感的心。尤其在自己喜歡的人面前，你更會讓他誤會你不喜歡他，甚至討厭他，雖然你心裡並不想這樣，可是你的所作所為卻只會讓人那樣認為，從而使你們漸行漸遠。

41～50分：你的原因出自於「自卑」。

你對自己沒什麼自信，也不太愛打扮自己，給人的感覺總是內向而又文靜，像是躲在角落裡的醜小鴨。你也很少跟異性相處，尤其每次跟心儀的他講話時都會緊張甚至有點排斥，導致人家就算真的對你有感覺，可能也不敢付諸行動。

　　女孩子到了一定年齡，就想找一個男朋友，這是很正常的心理需求，可是事與願違，總是有一部分女孩子苦苦尋覓了多年，也找不到自己心目中的白馬王子。究其原因有很多種，如眼光過高、自卑心理等。

　　根據測試結果，專家給了以下建議：

　　對於10～20分的你要注意，不切實際的高標準、高要求是缺乏現實的，放低你的眼光，好好地用心去經營一段感情，你會發覺愛情的溫馨和美麗。

　　對於21～30分的你，要注意尊重並顧及男方的感受，不要過於刁難他。如果戀情遲遲沒有進展，他當然會選擇離去。

　　對於31～40分的人，要注意自己的言行舉止，要真心誠意地付出你的愛。

　　對於41～50分的你，不要封閉自己的心，也不要錯把友情當愛情，要敞開自己的心扉，勇敢地去面對和追求屬於自己的愛情。

14. 你交不到女朋友的原因

測試說明

　　你想交女朋友嗎？一直都交不到女朋友嗎？是否常常覺得自己條件還不錯，可是卻總無人關注、屢戰屢敗？你想知道自己有怎樣的交友障礙嗎？做了下面的測試，你就會翻然醒悟。

測試開始

1. 你平常一個人無聊時，多半會到哪裡去逛逛呢？

　　❑　A：買杯果汁就可以坐下來看書的地方

　　❑　B：不知道，可能騎（開）車到處亂逛

　　❑　C：到鬧區人多的地方到處看看

2. 你有沒有特別喜歡的明星？

　　❑　A：有啊，不過我同時喜歡好幾個

　　❑　B：有啊，不過多半欣賞他們的才藝或氣質

❏ C：有啊，我是某某的超級忠實追星族

---

3. （承上題）如果有機會，你會追你喜歡的那個明星嗎？

    ❏ A：一定會，我特別希望和她做男女朋友

    ❏ B：應該不會，感覺像是兩個不同世界的人

    ❏ C：應該會吧，不過要多多瞭解她的生活圈才是

---

4. 你認為要在工作上做出成就，靠的是什麼呢？

    ❏ A：靠努力，埋頭苦幹總有一天會成功

    ❏ B：靠實力，有能力的人不怕失業沒飯吃

    ❏ C：靠表現，讓自己給主管留下很深刻的印象

---

5. 跟朋友出去，你的意見特別多嗎？

    ❏ A：我很有主見，人家也多半都聽我的

    ❏ B：會提建議，不過還是大家一起討論比較多一些

    ❏ C：很少，我通常都是比較隨和的傾聽者

---

6. 人家都認為你講話很大聲嗎？

    ❏ A：不會，很多人還覺得我太小聲

❏ B：會，有時候不自覺就提高了音量

❏ C：應該不會，好像很少有人這麼說我

---

7. 你平常是否喜歡收集一些小玩偶？

　　❏ A：不多，突然心血來潮時才會那麼做

　　❏ B：很少，其實我很少觸碰工作（學業）以外的東西

　　❏ C：沒錯，雖然很幼稚，不過我又沒妨礙到別人

---

8. 你會不會有在婚前花心、婚後再收斂的想法？

　　❏ A：如果是很有感覺的對象，會看情況

　　❏ B：還是不敢，男人還是不要太花心的好

　　❏ C：可能會吧，只要我婚後對她很專情即可

---

9. 你希望自己的愛情，最好有怎樣的開始？

　　❏ A：出現一個讓大家都驚艷的女性，最後被我追到

　　❏ B：突然發生，而且對方還是怎麼想都想不到的

　　❏ C：很偶然、很奇妙的巧合，遇到心儀的她

10. 你覺得女朋友的年紀最好是：

　❏　A：比我小，我有一點大男子主義

　❏　B：比我大，因為她可能會比較成熟

　❏　C：大小無所謂，只要看著順眼就行了

計分標準

題號　　得分　　選項	A	B	C
1	3	5	1
2	5	3	1
3	1	5	3
4	1	3	5
5	5	3	1
6	1	5	3
7	3	5	1
8	3	1	5
9	5	3	1
10	3	1	5

　　把每一題的得分加起來，再對照後面的測試結果。

測試結果

10～20分：你的原因出自於「害羞」。

你平常跟女性朋友的接觸較少，尤其是在心儀的對象面前，常害怕表現不當而犯錯誤，這樣反而讓對方對你印象不好。和女生說話時，你也常常頭腦一片空白，不知道自己究竟在幹什麼。雖然討厭這樣的自己，事後也做了相當程度的反省，可是相同的事情卻還是一再發生。

21～30分：你的原因出自於「矜持」。

你不是沒機會，你的條件也不錯，只是你也喜歡學女生那套「孤芳自賞、待價而沽」，希望對方能主動向你告白。女生通常喜歡跟心儀的人「暗示」，如果對方不理睬就會找尋下一個對象。所以你的過分矜持讓機會一再從身邊錯過，只留你在暗夜中獨自歎息。

31～40分：你的原因出自於「膚淺」。

你喜歡在女性朋友面前作秀，證明自己的能耐。可是卻常常秀過了頭，結果非但不能為你加分，反而讓人感覺你過於膚淺。對方偶爾一句言不由衷的「好棒」、「好厲害」，卻又常常使你會錯意，所以無論你怎樣表白，也只是將失戀的個人紀錄再次刷新而已。

41～50分：你的原因出自於「固執」。

你很固執，對愛情過於堅持己見，習慣以男生的立場為出發點去談感情，忘了考慮女孩子的立場及心理感受。雖然你總覺得為她付出很多，很愛她也對她好，可是對方卻不見得就領情。固執的人很難想像別人眼中的自己，也要小心因為情感而釀成悲劇，使你成為社會事件的主角。

戀愛是人類情感發展過程中的正常現象，也是人生中一段美好的時光，每個處於青春期的男孩、女孩都對愛情充滿了憧憬和渴望。可是有些男孩在交女朋友時屢屢受挫，究竟是什麼原因呢？

本測試列出了四個典型的原因，就這些原因，專家給出了以下建議：

對於10～20分的你，要積極主動地表現你的才華和魅力，用你的優點去感染對方，不要害怕犯錯。

對於21～30分的你，要放下你的架子、拋開你的矜持，你應該知道女人更偏愛那種被人捧在手心裡的感覺，反其道而行，戀情可能馬上就會到來。

　　對於31～40分的你，在女孩子面前表現自己時千萬要注意「分寸」，要真切，不要讓人感覺你很膚淺。

　　對於41～50分的你，要學會做個傾聽者，不要一味地付出，展現真實的你，多為對方考慮，瞭解女孩子的心理感受，讓雙方共同經營你們的愛情。

15. 最適合你的示愛方式是什麼

這也能「量體裁衣」？示愛的學問很深，這個測試針對你的個性特點為你選擇最佳示愛方式。

假如你在一間精品店裡看到一件自己非常喜歡的物品，但價錢實在太貴了，你會怎樣跟老闆討價還價呢？

- ❏ A：直接請求老闆賣便宜點
- ❏ B：站在物品前面按兵不動，直到老闆主動降價
- ❏ C：來來回回好幾次，待老闆自動減價
- ❏ D：請朋友也在此買東西，一齊付款請老闆算便宜些
- ❏ E：算了，忍痛以高價買下來

測試結果

A 你是那種想做就去做的人，直接跟對方說反而乾脆俐落，小動作做得太多會適得其反，但是你表白時千萬不要太緊張，以免嚇倒對方。

B 你做事有點無原則，但勝在有耐心，示愛時要表現出誠意，若發覺對方面有難色，你就要有耐心，好讓對方能夠慢慢瞭解你，接受你。

C 你缺乏自信，要你坦白示愛實在令你難以啟齒，寫情書會更有效，你若在信中真摯地表達自己的情感，對方看完後將深深地被感動。

D 你太依賴朋友了，談情說愛是兩人之間的事，雖然平時可以找朋友幫你說些好話，但到了表白時，最好單獨行動。

E 你是那種期待對方明白你的心情，然後主動向你示愛的人。膽小的你太被動了，拿出勇氣向她示愛，這才是男兒本色嘛！

　　幸福的愛情不是從天上掉下來的，它不僅與人們的努力追求有關，而且關係到追求的技巧，因此有必要研究示愛的方式或藝術。

　　語言是最常用的示愛表達方式，它可以直接地表達對心儀對象的愛意，它最有效、最清楚，並易於被對方理解。用語言來表達愛情，其藝術性是很強的，要善於表達、巧妙表達。有位年輕人十分愛慕一位女孩，他對女孩直言說：「我很愛你。沒有你，我一天都活不了。」這種單刀直入式的表白只有在對對方的心意有十分明確把握的情況下使用，才能獲得滿意的效果。否則，就會使人產生唐突、粗俗之感。

　　儘管語言能表達人類最複雜的情感，但在與戀人的感性交流中，使用頻率更多的還是體態，即人類的行為語言。一般說來，語言是人理性的一種表現，而人的行為動作，更傾向於表達感情。不論對男性，還是女性，微笑都是自信、有教養、有風度的表現。戀人啟齒而笑的面容是最美的。除了微笑，目光傳達的意義也是多方面的，誠摯的目光給人以可信賴的感覺，

快樂的目光給人以青春的活力，寧靜的目光讓人感到沉穩與大方，傳情的目光令人心醉。

對不善言辭的人來說，文字是十分重要的一種示愛方式。文字傳情可以充分地、仔細地反覆推敲自己的語言，更恰當地表達內心的情愛。情書，也是戀人之間交流情感的橋樑，是互相傳遞情愫的視窗。曼妙的情書、情詩，編織著愛的文字，是人類愛情文明程度高低的標誌。

16. 戀愛中的你感受如何呢

同樣是戀愛，不同的人，感受卻大不一樣。一想到你的戀人，你會有哪些感受呢？如果題目描述的情形與你的感受一樣，請回答「是」，如果不一樣，請回答「否」。需要特別說明的是，回答時一定要根據你此時此刻的感受，而不是你通常的體驗。

1. 每一天似乎都很特別。
2. 生活有價值。
3. 對任何事都感到滿意。
4. 我似乎正在高空中飛翔。
5. 我的伴侶很優秀。
6. 對任何人都持積極肯定的態度。

7. 心情激動。

8. 精力充沛。

9. 身心愉悅。

10. 哇！(驚喜喊叫)

11. 欣喜若狂。

12. 盼望見到他(她)時度日如年。

13. 我們似乎生活在屬於自己的二人世界。

14. 有能力實現任何目標。

15. 自然，舒服。

16. 極度快樂。

17. 我的伴侶是世間最美麗(英俊)的人。

18. 我徹底為他(她)所傾倒。

19. 與他(她）在一起非常和諧、甜蜜。

20. 喜愛身邊的一切。

21. 觸電般的感覺。

22. 呼吸急促。

23. 渴望見到他(她)。

24. 放鬆。

25. 無憂無慮。

26. 喜歡蹦跳。

27. 我似乎對這個世界無所留戀。

28. 慷慨大方。

29. 頑皮好嬉戲。

30. 踏實。

31. 熱情洋溢。

32. 面帶微笑。

33. 贊同。

34. 為他(她)的思想所折服。

35. 對世界抱有美好的希望。

36. 為預想的事感到興奮。

37. 茫然不知所措。

38. 經常興高采烈。

39. 精神恍惚。

40. 生殖器有某種壓迫感或灼熱感。

41. 覺得有能力征服一切。

42. 精神飽滿。

43. 沉溺於自己的感受之中不能自拔。

44. 行為好像瘋子一般。

45. 似乎全世界都充滿了柔情。

46. 覺得他輕浮而虛偽。

47. 認為他有心計。

48. 心跳加速。

49. 無拘無束。

50. 忠誠。

51. 自我實現。

52. 充滿活力。

53. 心醉神迷。

54. 強健有力。

55. 樂不可支。

56. 健康無恙。

57. 得到他(她)的關注感覺猶如突見天日的盲人。

58. 事事如意。

59. 新陳代謝加快。

60. 奇妙。

61. 喜歡唱歌。

62. 喜歡花叢。

63. 清醒的。

64. 愉快的。

65. 春風滿面。

66. 喜歡探險。

67. 即將欣喜若狂。

68. 內心有強烈衝動。

69. 興奮時喜歡尖叫。

計分標準

回答「是」得1分，「否」不得分，最後相加得總分。

測試結果

1. 男性

30分以下：在戀愛中情緒比較平和，不易體驗到熱烈、浪漫的感受，雖然少了一些激情蕩漾，但在平平淡淡中自有一份安逸。

31～50分：在戀愛中能夠體驗到多種熱烈、浪漫的感受，較少冷靜地思考。

50分以上：在戀愛中富有激情，能夠體驗到非常多的熱烈、浪漫的感受，看待一切都過於感性，缺乏冷靜地思考。建議適當地增加理性的判斷，以免被激情沖昏了頭腦。

2. 女性

37分以下：在戀愛中情緒比較平和，較少幻想，不易有熱烈、浪漫的感受。雖然少了一些激情蕩漾，但在平平淡淡中自有一份安逸。

38～55分：在戀愛中能夠體驗到多種熱烈、浪漫的感受，較少冷靜地思考。

55分以上：在戀愛中能夠體驗到非常多的熱烈、浪漫的感受，看待一切都過於感性，缺乏冷靜的思考，建議適當地增加理性的判斷，以免被激情沖昏了頭腦。

愛情是一種非常熱烈的情感，戀愛中的男女都覺得自己是世界的主宰，或者認為人世是美妙的樂園，類似的美好感受不勝枚舉。

心理學家尤金在整理這些美好感受的基礎上，編制了這個測試，其中包含戀愛的69種表現。據統計，在進行過測試的人中，幾乎一半以上的人至少體驗過上述表現中的40種，而大約有15％的人體驗過上述表現中的50多種，另有大約2％的人有過上述表現中的60多種！

關於愛情的情緒體驗的測試比較少，這個測試不失為一個好的選擇。其他許多類似的測試傾向於把愛情當作一種多層面的體驗，不但涉及情感因素，還包括相應的態度和信念，等等。不可否認，把愛情看作

複合體有助於更加準確地認識愛情，但由於情感因素在愛情中起著關鍵作用，因此，這個測試從一定意義上來講是瞭解個人愛情體驗的絕好對照。

Part 2

婚姻透析：
讓自己的婚姻永遠持久保鮮

你適合哪種婚姻模式

17.

測試說明

　　每個人的婚姻觀都會不同，有的人崇尚安詳寧靜，能與愛人攜手到老的金婚，有的人喜歡一個人無拘無束的單身貴族生活，有的人則幻想著跟愛人攜手打拼共用激情歲月。那麼，你又最適合怎樣的婚姻模式呢？

測試開始

1. 跟朋友一起拍照，你都會加洗給他們
   是的→2題
   不是→3題

---

2. 即使自己並不想去，一旦有朋友去廁所，你也常常會跟著去
   是的→4題
   不是→5題

3. 說到禮物
   你比較常送人→5題
   你比較常收到→6題

4. 如果跟好朋友吵架，你比較討厭哪一種情形？
   講道理輸給人家→7題
   聽人家自以為是→8題

5. 你跟他一起吃洋芋片，結果剩下一片，你會說什麼？
   「你要吃嗎？」→8題
   「我要吃掉喔！」→9題

6. 約會場所最多是哪一種？
   他想去的地方→9題
   自己想去的地方→10題

7. 你可能是那種受到拜託就難以拒絕的人
   是的→11題
   不是→12題

8. 曾經想過，只要是為了喜歡的人，你可以犧牲生命

　　是的→12題

　　不是→13題

9. 想要早點生小孩

　　是的→13題

　　不是→14題

10. 曾經感情出軌

　　是的→15題

　　不是→14題

11. 覺得自己

　　擅長傾聽→16題

　　擅長說話→12題

12. 如果要做，你覺得哪個比較好？

　　總經理→17題

　　副總經理→16題

13. 這是李奧納多主演的電影，你比較喜歡哪個女主角？

茱麗葉→17題

露絲→18題

14. 經常跟你一起吃午餐的朋友有

4個以上→18題

3個以下→19題

15. 你曾經因為自己的任性而被甩

是的→19題

不是→14題

16. 你不常跟朋友借錢，比較常借錢給人家

是的→20題

不是→21題

17. 你對做義工有興趣

是的→21題

不是→22題

18. 你跟女性朋友有約，又跟他有約，如果撞期，哪
    邊會是優先考慮？

    他→22題

    女性朋友→23題

19. 一旦跟男性展開交往，就會維持很久

    是的→23題

    不是→24題

20. 覺得自己是相當孝順的人

    是的→25題

    不是→21題

21. 跟男孩子相處時，你是

    想照顧他的類型→25題

    想被他照顧的類型→26題

22. 大吵一架之後，通常先認錯的是誰？

    自己→26題

    他→27題

23. 跟他去吃飯時，經常是以誰的喜好來選擇餐廳？

　　他→27題

　　自己→28題

24. 最討厭等紅綠燈

　　是的→28題

　　不是→23題

25. 你覺得哪一種人生比較幸福？

　　平穩的人生→A

　　多彩的人生→B

26. 你討厭被人束縛，曾經因此而分手

　　是的→C

　　不是→B

27. 如果自己想做的事受到干擾，即使對方是熱戀中的情人，也可以放棄。

　　是的→D

　　不是→C

28. 一旦發現對方有缺點，那個缺點會越變越大，讓你越來越討厭他

是的→D

不是→C

A 專職家庭主婦是你夢想的角色

你對結婚的觀念可以說是相當保守的，對你而言，女孩子就是要結婚，守著家庭，照顧老公跟孩子，這是最重要的工作，這樣的你，可以用賢妻良母四個字來形容，將來你會變成專職主婦，為了家人幸福而犧牲自己，同時成為出色的母親，不過因為你對自己沒有自信，所以可能會對老公及孩子過度依賴，這點必須注意。

B 頂客族的生活是你的理想

對你而言，所謂結婚，指的是夫妻倆互相扶持、彼此照應，認為夫妻之間的比例應該是50:50，彼此之間保持對等關係，家庭雖然很重要，不過自己想做的事，你也不會放棄，建

議你找個可以跟你分攤家務的老公，結婚之後便不需辭掉工作，夫婦倆一起就職，不過要記得，在老公父母以及朋友面前要給他足夠的面子。

C 也許自己過活會比較快樂

對你而言，婚姻是一個無聊的東西，雖然你也想結婚，不過卻不想受到束縛，為什麼有這種想法？因為你是把自己的時間看得比什麼都重要的人，你可以選擇單身赴任或是週末婚姻，跟老公保持一定程度的距離，如此一來便能享有自由，同時遠離離婚危機，必須注意的是，你的心胸要夠寬大，別去約束老公，不能嫉妒。

D 你對婚姻並不抱任何憧憬

也許你覺得婚姻會奪去自己的自由，如果自己想做的事情受到任何干擾，你會覺得非常難以忍受，雖然你也希望有個情人，但你卻不想結婚，你想在興趣以及工作上面盡情發展，過自己的自由人生，值得留意的是，有時候你會猛然感到寂寞，這時就需要朋友待在身邊。

　　婚姻是人生的重大轉捩點，有人說「婚姻是愛情的最高潮」，有人說「婚姻是愛情的墳墓」，那麼我們究竟該如何正確看待婚姻呢？

　　1.婚姻是自己的事，我們需要對對方，還有婚姻本身負責。

　　2.要真的懂得（他）她，在婚前，一定好好認識清楚要與你共度一生的人。

　　3.婚姻是生活的驛站，不要把婚姻想像得過於理想，也不要把婚姻看做是愛情的墳墓，它是生活的驛站，是雙方共同成長的過程。

　　4.戀愛是浪漫的，婚姻是現實的，你必須有勇氣面對現實生活裡的各種問題，婚後要互相理解和體貼，不要強迫對方照自己的意願行事。

18. 你們在一起會幸福嗎

測試說明

已為比翼鳥的你們飛得快樂嗎？是甘之如飴還是筋疲力盡，是激情四射還是疲憊不堪？快來測試一下吧！

測試開始

你心儀已久的男孩突然真誠地邀請你週末一起去野餐，而你卻早就和好朋友約好了一起去酒吧慶祝她的生日，一邊是愛情，一邊是友情，你會選擇哪一邊呢？

- [ ] A：按照約定和朋友一起出去，和他可以再另約時間
- [ ] B：在朋友跟前撒個謊，推說有急事，陪他一起去野餐
- [ ] C：老實告訴他，認為他會理解你，答應朋友的事不能輕易反悔

☐ D：到時候再說吧，船到橋頭自然直，盡可能兩全吧

☐ E：要看他的誠意再做決定

測試結果

A 你能夠和對方建立起相互信任和理解的關係，不管面臨什麼處境，你都對他有一定的信心，現在的你可以說是世界上最幸福的人了。多加把勁，相信再過不久，你們的戀情就會更上一層樓。幸福的巔峰近在咫尺。

B 你和他在一起好像有些辛苦哦，現在的你其實正為情所困呢！為了追求幸福而讓自己身陷情感牢籠的你，相信也一定筋疲力盡了吧？與其徘徊不前，倒不如停一下腳步，看看他是否真的值得你付出。你正停留在幸福的半空，是上是下，都有著不一樣的風景，關鍵看你如何決定。

C 你跟他的關係其實已經明朗化了，相信旁人也都看在眼裡，知在心裡。只是你們彼此都不知

道怎麼來穿越若近若遠的愛情薄霧，好像只差一步，卻又那麼遙不可及。還是坦誠比較好，不然小心拖太久就沒有下文了。其實你們的愛情已經打好了堅實的基礎，努力向幸福愛情的最高峰邁進吧！

D 你總是習慣於做愛情的旁觀者，或者是為別人或真或假的愛情感動流淚。你期待愛情但並不強求，一切以平常心看待，也比較能冷靜地處理感情上的事。但是愛情和理智是矛盾的，你難道不想享受激情湧動的滋味嗎？敞開你的心扉，盡情享受你的幸福吧！

E 你是不是最近經常會夢見桃花呀。你現在正有追求者，不管暗戀或是明戀，愛情的感覺確實讓你如沐春風。不過也別太貪心，該付出的還是得付出，小心最後落得一場空。

　　透過以上的測試，你想必已瞭解了自己是不是世界上最幸福的人了吧！如果你們的戀情很好，那就多努力，爭取更圓滿的結果；如果你們的戀情正處於崩潰的邊緣，那就停下腳步，認真反思一下，看是回頭還是繼續走下去；如果你們的戀情剛剛處於萌芽狀態，那就放下你的架子，去追求屬於你的幸福吧！

你有沒有當少奶奶的命

測試說明

聽到誰誰誰又找到某個有錢的貴公子了，同樣是女人，除了羨慕就是嫉妒，為什麼我就沒有這運氣呢？你當真就沒有當少奶奶的命嗎？做個測驗，就知道了。

測試開始

1. 你平常是否逛一些精品店呢？
   - ❑ A：有啊，常常在店裡流連忘返
   - ❑ B：不常，我多半很節儉
   - ❑ C：沒錢所以很少逛，頂多站在門口觀望

2. 如果要出門，天氣又熱，你通常會選擇怎樣的交通工具？
   - ❑ A：自己騎摩托車
   - ❑ B：坐公車
   - ❑ C：自己開車或乾脆坐計程車

3. 你的男性朋友很多嗎？

　　❑　A：很多呀，大家都是好朋友

　　❑　B：很少，也很少有很熟的

　　❑　C：不會主動去認識人，所以不多

4. 如果你正缺錢，正好有份便利商店的工作，你會：

　　❑　A：有工作做就好，立刻去

　　❑　B：可能不適合我，再找其他工作吧

　　❑　C：雖然知道很累，不過先試做幾天吧

5. 你平常看電視的時間多嗎？

　　❑　A：很少，覺得電視節目都很無聊

　　❑　B：挺多的，沒事在家就會打開電視

　　❑　C：不多，不過有段時間會特別沉迷

6. 你是否有一些較普遍且被認同的才藝，例如鋼琴、吉他或游泳等？

　　❑　A：會的東西不少，可是都沒有很拿手的

　　❑　B：有，多虧爸媽從小栽培

　　❑　C：沒有，覺得自己很笨，什麼都不會

7. 回想等公車的經驗，若公車遲遲不來，你會：

　　❑　A：四處走動或做其他事情，緩解一下煩悶

□ B：心裡可能會很氣，很想罵人

□ C：不等了，乾脆坐計程車

---

8. 你有沒有花錢減過肥？

□ A：有，因為這樣效果最快

□ B：沒有，自然瘦身比較不傷身體

□ C：應該不會，除非是真的胖到沒辦法的地步

題號 \ 選項	A	B	C
1	5	1	3
2	3	1	5
3	1	5	3
4	1	5	3
5	5	1	3
6	3	5	1
7	1	3	5
8	5	1	3

測試結果

8～16分：少奶奶指數20%

只能建議你就認命吧！人海茫茫，平凡的你實在很難吸引貴公子的青睞。不過有錢並不等於就是幸福好命，至少你遇到的會是最愛你的人。結婚之後夫妻共同打拼事業，趁年輕好好努力，想當少奶奶也不見得就是難事。

17～24分：少奶奶指數40%

你本身是個想法很奇怪的人，常常有些旁人無法理解的舉動，所以朋友對你也多是兩種相反的評價。只是這樣的特質也正好是你吸引貴公子的制勝武器。人無法十全十美，不需得到所有人的肯定。好好發揮自己的魅力，你也能飛上枝頭變鳳凰。

25～32分：少奶奶指數60%

你是個對感情很豁達的人，不會刻意追求豪門，只重視彼此是否合得來。自然的你很容易就有不少異性朋友，甚至不乏有錢的少爺。他們不會一開始就追求你，但會慢慢去找尋你的優點。所以常常在不知不覺中，你就成了豪門少奶奶。

33～40分：少奶奶指數80%

　　你天生就是個少奶奶的不二人選，注重打扮、注重氣質的培養，也在意自己的一舉一動，所以碰到從小就家教甚嚴的公子哥，很容易就吸引他們的注意力。只是常人遇上豪門的機率本就不高，如果太過自抬身價，也有可能變成老處女。

　　不管自己是不是少奶奶的命，都要坦然地去面對，事在人為，只要你好好地生活，真誠地付出你的愛，對生活充滿信心和激情，那麼你的生命就會更精采，何必非要當少奶奶呢？

你是否對過去的戀情無法忘懷

20.

測試說明

　　你是沉浸在過去的回憶中自我安慰，還是逃離不了過去的戀情而無法自拔呢，或是已經很清醒地前進了呢？要想知道自己真正的現狀，就趕緊做下面的測試吧！

測試開始

　　你和他去山上踏青，一時興起想將風景畫下來，你會怎麼畫？

　　❑　A：將雲朵畫得比山峰高
　　❑　B：將雲朵和山峰畫相同的高度
　　❑　C：將雲朵畫得比山峰低

測試結果

A 你已不再被過去的戀情所束縛，已將過去的感情完全拋開，不會將舊情人埋在心底和新的戀人比較，熱衷於現在的戀情。偶爾會談到以前的情人，但是會當成往事談。

B 你會喜歡上同一類型的異性，也許就是因為他和你前任戀人相似，你才會喜歡上他，但現在你已發現他的魅力。凡事不需過度擔心，應著眼於如何維繫目前二人的關係，避免提及過去的感情。

C 你似乎仍對舊情人念念不忘，如果你不想失去現在的情人，就不要拿他和舊情人作比較，要記住讓時間沖淡一切，把握現在的幸福。

　　不要沉浸在對過去虛無縹緲的幻想中，回到現實中來，勇敢地面對新的感情，新的生活，過去的不一定是最好的。再說過去已經是不存在的了，何必庸人自擾呢？未來才屬於你，好好把握現在，你未來的生活會更精采！

21. 你現在做好結婚的心理準備了嗎

測試說明

想知道你目前適合結婚嗎？你的心理年齡是否達到了結婚的年齡？你真正達到了合格妻子的標準嗎？你真的能承擔起一個家庭的責任嗎？做完下面的測試，你就明白了。

測試開始

跟男友約會時，一時興起買了彩券，居然中了五百萬，你會如何處理呢？

- ❏ A：跟男友一起揮霍掉
- ❏ B：一半存起來，一半自己用
- ❏ C：把錢全部給男友
- ❏ D：悶聲不吭一個人獨佔

A 立刻想結婚型。選擇將喜悅一同與男友分享的你十分渴望婚姻，如果可以的話，要你立刻結婚也沒問題。因為你早就打聽好哪家喜餅好吃、哪家婚紗棒、哪家飯店有折扣，你的準備工作都已完成。只不過這樣會容易給另一半造成不小的壓力，最好彼此多溝通一些會比較好。

B 時機成熟型。目前的你覺得自己該結婚了，只不過你可能對另一半有所不滿，所以才會選擇一個人獨佔所有的錢。你的如意算盤是騎驢找馬——走一步算一步，如果有更好的對象就把現在的男友給甩了，如果還是沒有新發現的話，便會乖乖地與原來的他結婚。

C 時機未到型。現在的你覺得「結婚」是件離你很遙遠的事，不管目前的狀況如何，你都覺得一切言之過早。可能是你交往的對象不能讓你有託付終身的信心，也可能是現在的他根本讓你不敢指望有未來。總之你會暫時維持現狀一陣子，然後再慢慢思考其他的可能性。

D 獨身主義型。你有點瞧不起婚姻，根本不想進這個戀愛墳墓。目前的你很喜歡單身，自由自在地生活，讓你捨不得就此放棄。不過好男人很容易會被搶走，如果不是堅定的不婚主義者，該把握的時候還是要把握，不然到最後很可能會徒留遺憾，望洋興嘆。

剖析你的心

　　人總是要結婚的，但時機是否成熟了呢？比如，你的年齡、心態、生活的基礎、對男朋友的滿意程度，等等。結婚對一個人來說是一生中的大事，千萬要謹慎小心，不要操之過急。如果草草了事，婚後若是出現什麼變故，將給你帶來莫大的創傷。如果萬事俱備，你能夠承擔一個家庭的一切責任了，那麼也不要猶豫，因為婚後的生活會更幸福！

你是哪種類型的老婆

22.

測試說明

　　想知道你婚後是哪種類型的老婆嗎？是黃臉婆型，還是內外兼顧型，或者是貴婦人型？做完下面的測試就知道了！

測試開始

1. 如果有與眾不同的衣櫃，你覺得是怎樣的？

　　❑　A：可以抽真空的衣櫃，衣服不易變壞

　　❑　B：有香味的衣櫃，可令衣服帶有芳香

　　❑　C：高科技電動衣櫃，可自動感應開關

2. 你希望有一個櫃子會是什麼形狀？

　　❑　A：正方形

　　❑　B：不規則的幾何形

　　❑　C：蛋殼式的橢圓形

3. 你的書房會設計成怎樣？

   ❏ A：大公司老闆房間般的事業型

   ❏ B：經典設計的簡約型

   ❏ C：學校木製桌椅般的懷舊型

4. 你會把房間的牆壁塗成什麼顏色？

   ❏ A：淡雅的單色調

   ❏ B：如雲、鳥或樹等大自然的圖案

   ❏ C：不同形狀的幾何圖形

5. 如果你可以自由地設計一幢房子，你會把它的外形設計成什麼風格？

   ❏ A：具有歐洲古堡風情的紅磚房

   ❏ B：素淨簡單的美式白色小屋

   ❏ C：有大自然風味的鄉村小木屋

6. 你認為屋子的門前放上什麼最能吸引路人的注意呢？

   ❏ A：充滿大自然感覺的大魚缸

   ❏ B：富貴堂皇的大理石大道

   ❏ C：浪漫溫馨的鮮花拱門

選A得1分，B得2分，C得3分。

6～8分：終極黃臉婆

結婚後你會完全失去自我，不會再去注意自己的形象。你從結婚之日起，臉上就開始變色，天天不化妝，身材也懶得理，臉色漸漸從白裡透紅變成臘黃慘白。老公開始對你有微詞，下班也不願回來對著你。之後你會終日鬱鬱寡歡，亂發脾氣，經常和老公吵鬧。

9～11分：女強人老婆

你是一個可以內外兼顧的女人，算是模範女子的代表者，不只入得廚房出得廳堂，還有自己的事業，深得男人心之餘，女人也會以你為榜樣。你堅持要有自己的事業，不用老公養，且具備中國傳統女性的美德，無論工作有多忙，你都一定會抽空打理家務，照顧家人，相對來說，家庭是你的首選。能娶到你這樣的老婆，不知是用幾世修來的福氣呀！

12～14分：富貴型老婆

你是一個貪財的老婆，覺得花老公的錢是理所應當的，你視財如命，物欲與享樂是你生命中不能缺少的，所以你婚後的生活會多姿多彩，天天逛街Shopping。你的老公沒錢也不要緊，反正你一生都在研究如何壓榨你的另一半。而且你一定會找到想找的那個人，你總會讓那個人乖乖地把錢掏出來給你，因為你有富貴命嘛！

15～18分：少奶奶型老婆

你婚後唯一的任務就是盡情地享受著老公對你的好，從戀愛開始，他已經把你照顧得無微不至，而且他已經非常習慣於照顧你了。有錢的話他一定會請傭人幫你做家務，就算沒錢也不會讓你做，像拖地、洗碗這樣的事他一定會爭著做，最多讓你給他一個滿意的微笑。你真是好命，想受苦都難吶！

如果你屬於終極黃臉婆型老婆，就要注意了，婚後不但要保持你的外貌，感情也一樣要保持。你要像結婚前一樣保持自己的光鮮亮麗，除了能拴住老公的心，還能吸引更多的目光哦！如果你屬於女強人型老

婆，那就保持你的魅力吧！這樣已經很好了。如果你是富貴型老婆，就要注意，不要太貪財了。如果太過於壓榨你的老公，恐怕有一天他會覺得你庸俗而無內涵，最後將你打入冷宮。如果你是少奶奶型老婆，那就沒辦法了，因為你老公對你的付出全是自願的！好好享受你的生活吧！

23. 在男人眼裡你最性感的地方是哪裡

測試說明

每一個女性都希望自己有猶如女神般性感嫵媚，但是想歸想，在男人眼裡到底你哪裡最性感呢？做完下面這個測試你就知道你在男人眼中，什麼地方最性感。

測試開始

如果你是童話故事中的王子，終於要拯救心愛的睡美人，你會親吻她哪裡呢？

☐ A：嘴唇

☐ B：臉

☐ C：額頭

☐ D：手背

A 你在男人眼中最性感的地方是性魅力。

恭喜你，天生就不自覺地散發出女人味。男人看到你，內心就會小鹿亂撞，甚至於腦袋中也會出現許多激情畫面，恨不得能跟你有進一步的肌膚之親。而這種性感的性魅力是每個女人都很羨慕的，你可要好好珍惜與運用，你將會是男人眼中的女神。

B 你在男人眼中最性感的地方是溫柔體貼。

你的性格溫柔中帶著婉約與貼心，這正是男人眼中最性感的地方，也是你讓男人無法抗拒的魅力。因為現在的都市中，大女人愈來愈多，小女人愈來愈少；太強勢的大女人會讓男人有壓力，你的溫柔體貼反而會讓男人心動不已。

C 你在男人眼中最性感的地方是單純可愛。

你是一個長不大的女孩，所以不管現在多少歲，你的天真可愛與單純，在男人眼中是不可多得的性感，甚至於很想進一步地保護你或是

呵護你，讓你在安全的地方快樂地生活。因此
繼續保持你的本色，就會讓愛你的男人覺得你
性感極了。

D 你在男人眼中最性感的地方是聰明理性。

真的不能怪你，因為就算你擁有了美麗的容貌
與好身材，但是在男人眼中你的聰明與理性，
才是他們眼中最性感的地方。因為一般女孩子
容易情緒化，或是愛耍大小姐脾氣，讓男人受
不了；而你特有的理性與智慧，讓你跟一般女
孩子不同。男人可以輕鬆自在地跟你相處，以
及討論一些事情，而不必一直費心安撫你的情
緒。

　　你的性感之處可是你的魅力所在喲，好好展現你
的魅力，相信這是你最吸引人的地方。

你是個合格的妻子嗎

當他給你戴上結婚戒指的那一瞬間，你就會暗暗起誓：一定要做個合格的妻子，將來做個合格的媽媽。那你現在是個合格的妻子嗎？趕緊做下面的測試吧！

1. 你給你丈夫在他的私人事情上完全的自由嗎？
2. 你留意每天的新聞、新書、新思想，力求保持與丈夫的興趣相近嗎？
3. 你真誠地希望與他的家人、朋友和睦相處嗎？
4. 你願意為了丈夫去進行一項你本不熟悉的運動並和他一起分享嗎？
5. 你常在你們爭論不休的時候給他一個折衷而誠懇的微笑嗎？
6. 你瞭解丈夫在事業上的進展嗎？

7. 你常為他變換口味，使他坐在飯桌前時，總不能確定將吃什麼東西嗎？

8. 你會因丈夫的喜惡而注意衣服的顏色及款式嗎？

9. 你樂觀地、愉快地應付經濟的挫折，不批評丈夫的錯誤，還是刻意地將他與更成功的人作不利的比較？

10. 你會盡力使你們的家看起來更溫馨、更有吸引力嗎？

計分標準

回答「是」得3分，回答「否」得1分。

測試結果

得分在20分以上者：恭喜你，你是一個非常賢慧勤勞並受丈夫寵愛的妻子。你的柔情萬種和良苦用心會讓你的丈夫癡迷一生。

得分在20分以下者：雖然你的成績不太理想，但你也不要洩氣，可能你還沒有完全掌握夫妻相處的技巧。慢慢來，你會成為一個賢慧的好妻子的。

　　做一個合格的妻子，不但會讓你的丈夫更愛你，而且能讓你們的家更溫馨和諧。那麼如何做一個好妻子呢？專家給了幾條建議：要敬重和關愛你的丈夫；要端莊、賢淑、不虛浮；要不斷充實和更新自己的知識；要注重自己的形象，擁有外在美；要有一份屬於自己的工作；絕對不能紅杏出牆。

你是個合格的丈夫嗎

如果你想讓你的老婆做一個合格的妻子，做你心中最完美的另一半，或者是溫柔可人的嬌妻，或者是善解人意的賢內助，那你首先要盡力讓自己成為一個合格的丈夫。你能稱得上是一個合格的丈夫嗎？

1. 對她為你所做的小事，如縫紐扣、補襪子或幫你洗衣服，你會親熱地表示感謝嗎？
2. 你還偶爾用鮮花做禮物慶祝妻子的生日嗎？你常用些妻子沒有想到的溫柔向妻子「求愛」嗎？
3. 你給她自由支配錢財的權利而不會輕易過問嗎？
4. 你能讓她與別的男子跳舞而不說嫉妒的話嗎？
5. 你能抽出時間去瞭解和關注她感興趣的書籍、電影或其他方面嗎？

6. 你能在特定的時期對她的不安、煩躁、易怒予以理解和安慰嗎？

7. 在你休閒的時候會經常想起她而且至少一半的時間都會帶著她嗎？

8. 你能巧妙地避免將妻子的烹飪、家務與母親或別人的妻子比較嗎？

9. 不管她做了什麼事，你總能避免在外人特別是她的朋友、同事面前指責她嗎？

10. 你是否總覺得她身上有很多優點並不時地讚美她？

計分標準

回答「是」得3分，回答「否」得1分。

測試結果

20分以上：說明你是一個合格的丈夫，你懂得你妻子真正需要的是什麼，會讓她時刻知道你有多愛她，讓她覺得嫁給你是她這一生最明智的選擇。放心吧，你的妻子也不會讓你失望的！

20分以下：說明你不懂得做丈夫的學問，還得繼續努力。或許你還是很愛你的妻子，只是愛的方式有

些不妥，你應該學會瞭解女人的心思，只有那樣你才能知道她到底要的是什麼。也可能你只是忙於工作、賺錢而冷落了她吧！

　　怎樣才能做個好丈夫呢？一是要學會賞識和讚美妻子；二是要給妻子一定的時間，陪他一起吃飯、逛街，等等；三是要主動分擔一部分家務；四是要善待妻子的親戚和朋友；五是家庭中的管理要民主。

到底誰是破壞婚姻的罪魁禍首

測試說明

「夫妻本是同林鳥，大難臨頭各自飛。」那麼到底是誰讓大難來臨，到底又是誰先在大難來臨時臨陣脫逃呢？

你可能會埋怨她是個不合格的妻子，她不安心做家務，她常跟婆家的人鬧翻，她從不給你零用錢，她整天打扮得花枝招展四處留情……你肯定會說是她把婚姻推向了深淵。

你會指責他是個不負責任的丈夫，他工作忙、不顧家，他常夜不歸宿，出入酒吧、歌廳……你認定了他是導致離婚的罪魁禍首。

其實，沒有誰能推卸導致婚姻變故的責任，你們應該先從自身找原因，修正自身的不足，對你的下一次婚姻也有幫助。說不定自我反省之後還會讓他（她）重新回到你身邊呢！

 測試開始

第一部分：女方測試題

如果你必須在以下類型的男性中做一個選擇，並和他結婚，你會選擇哪一類型？

  ❑ A：嗜賭成性的男人

  ❑ B：風流成性的男人

  ❑ C：嗜酒成性的男人

第二部分：男方測試題

如果讓你選擇一個終生相伴的女人，你會首先排除下列哪一種？

  ❑ A：抽煙的女人

  ❑ B：喝酒的女人

  ❑ C：濃妝艷抹的女人

  ❑ D：輕視男性、自傲的女人

 測試結果

第一部分：女方測試題

A 你的頭腦精明靈活，即使結婚之後，也會尊重對方的建議。在發生爭執的時候也會適時地退讓，而且，絕對會維護對方的自尊心。由於相當理性，離婚機率很低。即使離婚，也絕對是由你提出，而不是丈夫。

在提出離婚時，會快刀斬亂麻，而且絕不會留戀或後悔。讓你回頭是相當難的一件事。

B 你自尊心強，充滿自信。婚後，丈夫得聽從你的意見，就算對小孩也十分專制。結果，自己強悍的個性逼得丈夫走投無路，離婚率自然很高。而且，你從來不會反省或自我檢討。還有，在離婚時通常是由丈夫提出，最好的補救方法就是改變自己。

C 如果與丈夫的性生活很和諧，那麼你絕逃不出他的手掌心。即使受到極大的委屈，也只會一味地忍耐，那是因為你有自虐的傾向。當丈夫不忠，花光了生活費，甚至拳打腳踢對你施暴時，你也只會哭哭啼啼，但絕不離去。

即使你忍無可忍，也不太會選擇離婚，而只是帶著小孩離家出走。當然，即使再婚的話，依然會選擇同樣的類型。為了你的幸福，你可要仔細斟酌。

第二部分：男方測試題

A 離婚的罪魁禍首應該不是你。討厭女人抽煙的男人，大多是被溺愛的獨生子。面對他人時無法清晰地表達自己的想法，往往會吃虧。所以要和討厭的女人分手，一定不能猶豫不決。

B 無法忍受女人喝酒的男人，可以說是一個頑固不化的傢伙。要跟討厭的女人分手，只要說一句「再也不想看到你」，就相當了不起。

C 因為太過於冷酷，往往會引來對方的敵意，這樣很難有復合的可能。對女性的愛憎表現得很明顯，會不斷地要求情人滿足他的意願。跟討厭的女人分手時，即便借了錢，也要先把錢理清楚。

D 討厭自傲女人的男人，本身也是個自傲的人。要與討厭的女人分手時，他會吹毛求疵，給對方巨大的精神壓力，再從中獲得優越感，使對方忍無可忍，下定決心分手。等對方提出後，又會有失落的感覺，想再挽回，就要看你的誠意了。

　　到底誰是破壞婚姻的罪魁禍首呢？處於婚姻危機的你，透過這個測試大概也清楚了一些吧？其實一個巴掌拍不響，先不要把全盤的責任推給對方，是不是自己也有過錯呢？先檢討自己吧！也許你們會回到以前的甜蜜與溫馨。

第三者在你家會找到可趁之機嗎

27.

測試說明

　　當今社會物欲橫流，道德水準低下，大環境變了，第三者的出現已是司空見慣。對於第三者，我們是橫眉冷對、惡語相向，或者誨人不倦、好言相勸。你家會出現第三者嗎？請做下面的測試：

測試開始

---

1. 近來我丈夫（妻子）常在我面前提及和誇讚某個女子（男子）。

　　☐　A：是的

　　☐　B：否

　　☐　C：不確定

---

2. 她（他）很少主動要求與我過性生活。

　　☐　A：是

❏ B：否

❏ C：不確定

---

3. 她（他）最喜歡拿孩子做出氣筒。

❏ A：是

❏ B：否

❏ C：偶爾

---

4. 我和他（她）經常會為與異性交往而爭吵、嘔氣。每次爭吵之後，極難平靜。

❏ A：是的

❏ B：否

❏ C：不確定

---

5. 我們夫妻原來感情很好，但婚後由於客觀因素（如升學、升職等）把我們的差距拉大了，於是感情日漸淡薄。

❏ A：是這樣

❏ B：不是

❏ C：很難說

6. 他（她）手中有不少錢，花起來如流水，但對家
   庭卻不聞不問。

   ❏ A：是這樣
   ❏ B：不是
   ❏ C：有時候是

---

7. 當初我們十分相愛，彼此有強烈的吸引力，但婚
   後他（她）的想法變了（如丈夫原想找一個漂亮
   女子，婚後卻覺得自己需要的是賢內助；妻子想
   找一個瀟灑男子漢，婚後又想找模範丈夫等）。

   ❏ A：是
   ❏ B：否
   ❏ C：有點

---

8. 他（她）經常背著我獨自到外面逛、約會、跳舞。

   ❏ A：是
   ❏ B：否
   ❏ C：不確定

---

9. 我常常因為忙工作、忙家務、忙孩子的事而忘記
   關心他（她）。

   ❏ A：是
   ❏ B：否
   ❏ C：不確定

10. 半年來，我們夫妻性生活極不協調。

   ❏　A：是這樣

   ❏　B：不是

   ❏　C：有點兒

11. 我們兩個的年齡相差12歲以上，雙方都對此很敏感。

   ❏　A：是這樣

   ❏　B：不是

   ❏　C：大概是

12. 他（她）一有時間，就躲在家觀看那些淫穢書刊和黃色影片。

   ❏　A：是的

   ❏　B：否

   ❏　C：偶爾

計分標準

　　凡是肯定回答每題得2分，否定回答得0分，中間情況得1分。把題答完後算出自己的總得分。

測試結果

0～8分：你大可以穩坐泰山，不用心慌。因為你的家庭「固若金湯」，即使第三者有意介入，也只能望洋興嘆。

9～16分：你的家庭有被第三者介入的危險，所以千萬不要大意，要謹防那些條件優越、手段高明的第三者。

17～24分：你的家庭現在相當危險，已給第三者留下了面積較大的落腳之地，說不定第三者已經悄無聲息地涉入你的家庭，所以要認真對待。

即使你的分數較低，也不意味著就可以高枕無憂了，社會畢竟是很複雜的，你要著眼於未來。對於分數很高的你，建議你們對婚姻的歷史與現狀做一番回憶與思考，如果屬於誤會要及時消除，如感情出現危機看能否設法補救。

揭發他想離婚的原因

測試說明

　　眼下離婚好像成了一件時髦事，不僅離婚者越來越向低齡化發展，甚至連婚姻維持期都日漸縮水，是什麼原因導致這種現象的發生呢？他為什麼想離婚呢？做完下面的測試，答案就會揭曉。

測試開始

　　假設你已婚，而你的配偶想和你離婚，你想是哪一因素造成他想和你離婚？

　　☐　A：他在外面有了外遇，愛上了別人

　　☐　B：經濟上的問題

　　☐　C：彼此的人生價值觀有明顯不同

　　☐　D：覺得彼此已經沒有吸引力，不想再繼續

測試結果

A 他是多情種，經常難抑心中的熱情，需要尋找更多的愛情體驗，或者結婚太多年，使他對你的吸引力感到乏味。要想挽留這樣的情人或丈夫，你應該給他更多自由去鬼混，並且不時誇獎他是大眾情人，滿足他的虛榮心。但是如果你受不了花心伴侶，就趕快跟他說再見。

B 為經濟問題離婚，是離婚三大問題之一，你們的婚姻已亮起了紅燈，他常常拒絕和你接近，有錢去招待朋友，也不願邀請你，你成了他的累贅，他甚至不願正視你，只有你賺到很多錢時，才有他的愛情，在這時，他是非常熱情和主動的人。

C 他或許已經有了外遇，或隨時準備外遇，你們的愛情正在觸礁狀態，可能他需要得到非常重要的東西，而你渾然不知；可能需要有人協助他在事業上有所展現，或賺更多的錢，而你卻無力去幫助他。趕快去滿足他吧！否則快為自己在分手後做些打算。

D 他是浪漫的人，情調對他非常重要，他的外遇機率很高，為了挽留你的配偶，應當在生活中多製造相處樂趣及愉快氣氛，你應當多為他而打扮自己，多穿他愛看的衣服，多說他喜歡聽的甜言蜜語。

造成離婚的原因很多，在日常生活中，根據很多專家學者的調查，主要有以下幾種：

1. 缺乏瞭解就結婚。

2. 缺乏愛的婚姻。

3. 缺乏婚姻兩性技巧。

4. 婚外情或個性不合。

5. 生理或其他外在因素。

6. 經濟問題或生活發生重大改變。

Part 3

「性福」曝光：
親臨「性」的神祕

你屬於哪種性類型

29.

測試說明

　　「性」一直是神祕而敏感的話題，「性」在夫妻生活中也是必不可少的。生活中的你屬於哪種性類型呢？從做「春夢」就可得知。

測試開始

　　你是個單身男人，當你獨自一人睡在雙人床上，如果能選擇夢境，你最想做的是哪種夢？

　　❏　A：猛男在烈日下抱著美女橫穿沙漠

　　❏　B：與美女共騎駿馬

　　❏　C：古典的床邊有兩雙拖鞋

　　❏　D：身材火辣的裸女騎在摩托車上

　　❏　E：一群辣妹漂流到荒島

測試結果

A 性對你有極大的誘惑，一旦開始就無法控制自己，會尋求不一樣而有個性的「性」類型。

B 你屬於年輕而精力旺盛的性類型，能滿足異性肉體上的需求，是能控制性欲需求的人。

C 你對性是重情緒、氣氛的類型，即使已「劍拔弩張」，亦能控制不會「走火」。對比自己年輕的異性較有興趣，但會講究氣氛。

D 你對性非常積極，反應很大。一旦性不能滿足時，會出現相當急躁的心情。

E 性對你的誘惑力不足。你對性無能有相當的恐懼，對性有潛在的自卑感。

剖析你的心

　　「春夢」是一種很奇特的心理和生理現象。佛洛伊德在《夢的解析》一書裡面，曾對其屢加解說，並常把一個看來平淡無奇的夢境，分析成充滿著性象徵

的夢。

他說：「我們相信一些看來是純潔無邪的夢境不過是性景象的前奏曲罷了。」因為做夢者的性欲日常被壓抑下來，但仍需透過夢中的檢查作用，才能顯現為夢境，故不得不以象徵或偽裝方式以求「過關」。

佛洛伊德提出了千奇百怪的性象徵，例如，拔牙齒、爬山、上下樓梯、騎馬、火爐、房間、盒子等。這些行為或物體的出現，通常都伴隨著快感，男性做夢者更會因而遺精轉醒。「春夢」也正式成為「濕夢」了。

另一方面，時代不同，象徵性欲的對象或行為亦隨之改變，例如新式跑車一向被視為男性的權勢象徵，故也可能會在夢中代表了性欲和性能力。飛機的情況亦與跑車相同。

此外，表現性欲的直接或間接，也需視做夢者的性態度。保守的人較多以隱晦方式象徵性行為，開放的人則簡單俐落，以直接的夢境發洩性衝動。

因此，「春夢」的變化受到個人的性態度影響，夢之語言遂更加複雜不易確認，以致「春夢」了無痕，做了也不曉得。

30. 你容易讓人有性衝動嗎

測試說明

太性感的人都會讓人忍不住想歪了！今天就從心理測驗來看你讓人有性衝動的指數到底有多高吧！

測試開始

如果讓你跟魔鬼交換靈魂，你希望得到什麼利益？

- ❏ A：一輩子沒煩惱的生活
- ❏ B：一輩子花不完的財富
- ❏ C：一輩子的真愛
- ❏ D：一輩子的好名聲

測試結果

A 身材太誘人的你，讓人忍不住想死盯著你看。讓人性衝動的指數50%：這類型的人外形或者身材在團體中很容易就受到大家的矚目，最重要的是他會讓人家產生一個距離感，讓人只會有欣賞的舉動。

B 性魅力太強的你，動不動就勾起異性的原始欲念。讓人性衝動的指數99%：這類型的人走實力路線，最重要的是他有自信心，他的自信心散發出來時，異性看到時就會覺得很有魅力。

C 說話甜死人的你，聽到你的聲音就會衝動。讓人性衝動的指數80%：這類型的人想法很感性浪漫，當人家跟他談話時就會有意無意地感受到他的溫柔跟體貼，另一半或者任何的異性聽到的話，自然而然、久而久之就會產生性的衝動。

D 你太正派理性，異性最多在腦中閃一下不會有行動。讓人性衝動的指數20%：這類型的人屬

於教官型，外表比較有味道，有獨特的魅力，雖然很正直、很正派，但是給人家的印象還不錯，但是怕進一步被拒絕，或是被訓話，不如就僅止於欣賞好了。

　　性衝動是趨向異性目標的一股內在力量，是正常的性心理現象。男子進入青春期後，體內性激素不斷分泌，各種生理機能發生了轉變，使生殖器官及其功能迅速發育成熟。熱戀時期，與性有關的情緒、記憶及想像等心理活動異常活躍，女性的明眸皓齒、苗條身段和芳香氣息，總之，女性給男性的視覺、味覺、聽覺、觸覺、嗅覺帶來的一切刺激都是引起他性衝動的重要因素。

　　如果把感情比做槳，那麼理智便是舵。只有兩者默契配合，愛情之舟才能抵達幸福的彼岸，婚前男性遇到的也許正是這種「駕馭」本領的考驗。性衝動掀起的波瀾，會使男性迷茫、手足無措，甚至將「船」顛覆、擱淺。只有意志堅強的男性，才能平息波瀾，揚帆遠航。

　　那麼，男性在熱戀中應怎樣調適自己的性衝動呢？

　　第一，應破除對「性」的神祕感。男性們應讀些介紹性知識的書籍，增強克制性衝動的能力，減少對「性」的神祕感。

　　第二，男性應加強意志鍛鍊。性欲產生時，要採用相應的辦法提醒、暗示自己，以緩解性衝動。

　　第三，和女性相處時，應適當減少綿綿的情話和過分親昵的動作。從生理學角度說，撫摸、親吻、擁抱，最容易激起男性的性欲，所以，男性們要善於自我克制。

　　第四，適當運用自慰行為。男性們在性愛激情爆發，達到「狂熱」地步而不能控制時，只要不把手淫當做一種嗜好，並且不危害別人和社會，它不失為調節和疏導性衝動的一種應急方法。

31. 你有強烈的性幻想嗎

測試說明

性幻想之於男人，可謂「思維盛宴」，從小到大，不離不棄；性幻想之於女人，則像浪漫的愛情故事，一生如影隨形，想知道自己的性幻想程度嗎？請做下面的測試。

測試開始

1. 你參加朋友的一個聚會，結果看見朋友年輕的侄子(或侄女)長得很性感。你會對他(她)浮想聯翩嗎？

　　❏　A：是的
　　❏　B：不是

2. 對事業和性，哪個方面你想得更多些？

　　❏　A：事業
　　❏　B：性

3. 對朋友的配偶產生性幻想適合嗎？

❏　A：可以，沒關係，只是幻想而已

❏　B：不好，即使是想像也不能這樣

4. 減少一年的壽命，就可以把你最「精采」的性幻想變成現實，你願意這麼做嗎？

❏　A：不願意

❏　B：願意

5. 在按摩院，為你做按摩的是一位異性，你能夠不想到「性」這個字眼嗎？

❏　A：能

❏　B：不能

6. 別人介紹你認識三位新同事，恰好他(她)們都是異性，而且你對他(她)們都感興趣，你會不會有這樣的想法：「和哪一個上床感覺會最好？」

❏　A：會

❏　B：不會

7. 你和伴侶一起選購床墊，你首先考慮到下面的哪個問題？

❏ A：在這種床墊上做愛，感覺會好嗎？

❏ B：躺在這樣的床墊上睡覺舒服嗎？

8. 一次開會時，你無意中撞見了朋友的前夫(妻)。此前，你曾聽別人議論他(她)很風流，你會怎麼想？

❏ A：想像對方不穿衣服是個什麼樣

❏ B：既然是熟人，應禮貌相待

❏ C：想像你們兩個人一起做愛的情景

9. 在一天的時間之內，如果每次產生與性有關的想法你就能得到一塊錢，那麼你的錢包裡會有多少錢？

❏ A：20元

❏ B：50元

❏ C：我需要個大點的錢包

10. 你打電話給男友或女友，結果他(她)說要洗澡，一會兒再回電話給你，你會去想像他(她)洗澡時的情景嗎？

❏ A：不會

❏ B：不會

計分標準

題號 \ 得分 選項	A	B	C
1	10	0	—
2	0	10	—
3	10	0	—
4	0	10	—
5	0	0	—
6	10	0	—
7	10	0	—
8	5	0	1
9	0	5	0
10	0	10	—

測試結果

0～25分：你的心思比較單純，至少可以說，你性幻想不多。

　　但這並不是說你在性生活中就一點也不瘋狂，而是說在多數場合下，性這個字眼很少進入你的腦海。你可能和別人一樣喜歡性生活，甚至在適當的時候也幻想這方面的事，但這在生活中占的比例很小。

　　26～74分：儘管你有不少性幻想，但這不是你生活中的主流，只是在某些特別的時候或特定的場合下產生。你在把握性幻想的「分寸」方面做得很不錯。

　　75～100分：你差不多一門心思都用在性上了。性總是你第一個想到的問題。性幻想如果過度，可能影響自己的日常生活。首先要在必要的時候控制自己。如果因此影響工作，要下決心改掉，必要時可向心理醫生請教。

　　有些人常把在電影、電視等媒體中看過的性愛鏡頭或故事，移植到自己身上，或用豐富的想像力，虛構出與自己愛慕的異性交往的種種情景，從而滿足自己的性慾望，這種帶有性愛色彩的夢幻心理就稱為性幻想。

　　性幻想對於思想活躍、感情豐富而又閒暇舒適的人更易發生。

　　性心理學家專家曾指出，對於先天遺傳裡有藝術家傾向的人，性愛的白日夢所消耗的精神和時間要多些，而藝術家中尤以小說家為甚。

　　性幻想的內容往往建築在個人對性愛的直接或間接的經驗上，其發展也始終以此種經驗為依據，其形式猶如一部電視連續劇，以自己或所愛慕的異性為主角，用豐富的想像演繹推理，直至達到一定的滿足而終結。

　　性幻想在人類性心理中佔有重要地位，對人類性心理發展有一定的意義。缺乏性幻想的人會使人類性行為降至動物水準，僅限於生理反射，所以具有一定

的性幻想是正常的，也是必須的。

　　但是過於頻繁的、持久的性幻想卻是有害的，甚至會釀成性變態，分不清現實與夢幻的界限，有時便會出現病態的妄想。所以應加強性心理的自我調適，儘量避免把注意力集中在性問題上，要培養廣泛的興趣愛好，使自己的身心得到全面的發展。

32. 你的性生活品質需要提高嗎

測試說明

　　性生活在夫妻生活中占舉足輕重的地位，夫妻只有情投意合、心心相印加上和諧的性生活，才能使夫妻恩愛有加。你的性生活品質怎麼樣呢？測試一下便知。

測試開始

1. 你對自己的「性感」充滿自信嗎？
　　❑　A：是
　　❑　B：一般
　　❑　C：否

2. 你對做愛時間有何特殊要求？
　　❑　A：只習慣在晚上
　　❑　B：無所謂

3. 你對性伴侶的選擇是怎樣的？

　　❏　A：固定一個

　　❏　B：不同時期有不同性伴侶

　　❏　C：同一時期有不同性伴侶

---

4. 你的性需求強烈嗎？

　　❏　A：平均0～1次／周

　　❏　B：平均2～4次／周

　　❏　C：5次以上

---

5. 你是否接受性教育電視節目或錄影帶？

　　❏　A：接受，因為可以指導我們在性生活中更加和諧

　　❏　B：無所謂，偶爾看看也無妨

　　❏　C：不接受，裡面講得很荒謬可笑

　　❏　D：不接受，這類節目給人感覺放蕩

---

6. 你對性生活有什麼看法？

　　❏　A：喜歡，因為它使我得到快樂

　　❏　B：喜歡，因為它可以增進我們的感情

　　❏　C：無所謂，是義務而已

　　❏　D：令人厭惡

7. 你對做愛地點有何要求？

　　❏　A：只習慣於在床上

　　❏　B：如果有興趣，可以在家裡任何地方

　　❏　C：如果有興趣，可以在辦公室、私家車甚至
　　　　　戶外花園裡進行

8. 你認為讓對方獲得滿足比自己滿足更重要，是嗎？

　　❏　A：是

　　❏　B：雙方都在獲得滿足

　　❏　C：否，我獲得滿足最重要

9. 你購買情趣用品嗎？

　　❏　A：買過

　　❏　B：想過，但沒買過

　　❏　C：沒買過，也不想用

10. 你和伴侶有一個三歲的孩子，你會：

　　❏　A：讓孩子和媽媽同睡，老公睡另一張床

　　❏　B：三人同睡一張床

　　❏　C：讓孩子單獨睡，夫妻同睡一張床

計分標準

題號 \ 得分 \ 選項	A	B	C	D
1	2	1	0	—
2	0	1	—	—
3	2	1	0	—
4	0	2	0	—
5	2	1	0	0
6	2	1	0	0
7	0	1	2	—
8	0	2	0	—
9	0	1	2	—
10	0	0	2	—

測試結果

15～19分：你的性生活和諧而又不失浪漫，你暸解性生活的重要性並且懂得如何維護良好的氣氛。

8～14分：你的性生活出現了一些問題，受傳統觀念影響，你忽略了人類性的本能需要，但還好，這基

本不會影響你和另一半的感情，如果雙方認識相似，倒也未嘗不可。

0～7分：你的性知識急需加強，每個人都有享受性的樂趣的權利，學習克服害羞是重要的一課。

雖然性生活在夫妻生活中占著舉足輕重的地位，但性生活不像人想像的那樣，可以無師自通，性生活也要不斷求新、改善，才能提高品質。所以，要想擁有高品質的性生活，就應該：

1. 要學習一些性知識，尤其要掌握雙方的性愛心理及行為上的異同點。

2. 要有充分的準備時間，即性調情與挑選時間。

3. 要掌握一定的性技巧。在性交過程中，男方儘量抑制性興奮，女方儘量發揮性興奮，互為對方的歡樂創造條件。

4. 結束後最忌男方忽視女方心境，獨自睡去，應等待、陪伴女方進入消退期，同時在舒適、滿足感中共入夢鄉。

同時，要保持心情愉快，創造一個幽靜、清潔的環境，可以配以和諧的音樂，進行理想的性生活。

33. 你心中的婚姻與性的關係如何

測試說明

在你的心中，婚姻與性有著什麼樣的關聯呢？誰處於更重要的位置呢？完成下面的測試，就會給你一個明確的答案。

測試開始

假設你是一個保險公司的職員，一天就要下班的時候，你的頂頭上司——一個年輕有為的男性主管，他說有兩張票，邀請你有空一起去。這個英俊瀟灑又年輕能幹的主管是你仰慕已久的對象。所以你滿口應承，連聲說好。那麼，這時你來猜測一下這位上司手中持的會是兩張什麼票呢？

☐ A：搖滾音樂會門票

☐ B：遊樂園門票

❏　C：電影票
❏　D：服裝秀門票

測試結果

A　你在生活中追求刺激與冒險，在婚姻中你似乎只追求性的愉悅。因此，你很有可能與多名男性有性關係。對於家庭你似乎並不熱衷。你是否時常出入於容易被騷擾的場所？或者主動與男性搭訕？這種行為的危險性在於到了你失去魅力的時候，也同時失去了擁有家庭的資格。

B　你的婚姻往往因為性而趨於危機。你似乎不太追求性的價值。簡而言之，屬於晚熟型。即便確定了婚姻關係，也不樂意發生性關係，結果往往被拋棄。也許你因為性而受到過精神創傷。要認清性與愛的關係，無性的愛不能長久，無愛的性不能接受。

C　你很可能會發生婚前的性關係，因為你認為性是證明愛的方式，或者是與他進行交流的一種方式。所以，你開始不會草率地與某個人發生

肉體關係！但是，一旦認定就覺得性是增進感情的一種必要方式。如果你沒有認識男性的眼光，即便你自以為是愛的證明，對方也會認為你不過是一個便宜貨。所以付出前一定要把眼睛放亮一些。別把你的一生交給一個不懂得珍惜的男人！

D 你的觀念需要馬上改變，你的這種觀念是受到了中西方文化的雙重影響。就開放的一面來講，你似乎只當性是吸引男性的唯一工具。為了讓意中人眷顧自己，或者為了讓他買給你想要的東西，你是否總希望透過性得到回報？就保守的東方觀念來講，你又認為男人一旦與你有了關係，你也許就認為自己可以為所欲為了，而且你同時也會非常忠貞地對待你的愛人。

常見的婚姻與性的地雷區包括：

1. 把婚姻關係和性關係看做是互不相干的兩回事，否認性關係的品質對婚姻品質的影響，其實影響這兩

種關係的共同因素很多，如彼此相互交流的能力，情感的親密程度。

2. 婚內性行為可以創造婚姻的和諧美滿，其實性在婚姻內不佔據最主要的位置，比它更重要的還有彼此的尊重和信任。

3. 婚內性生活總是那麼令人激動、浪漫和總能伴有性高潮，期望越高越不現實。

4. 婚內性關係必導致婚姻的不幸福和婚外戀的發生，婚內性生活不和諧可能只是婚姻不幸福的症狀之一而並非其根源。

34. 吃出你的「性福」之路

測試說明

你現在「性福」嗎？你在享受「性福」的時候，瞭解對方的感受嗎？請做下面的測試。

測試開始

到了西餐廳，點餐後，冒熱氣的牛（豬、雞）排端上桌來，可以開始享用了。拿著刀叉的你，請觀察自己或別人是如何下手切割的，然後再開始享用美味。

❏ A：從中間切成兩半，向兩邊分吃

❏ B：從右邊開始切，吃一塊再分切其他

❏ C：從左邊開始切，吃一塊再分切其他

❏ D：先全部切完，再一塊塊地吃

A 在兩人的性愛關係中，這種人常常都是享受的一方，以自己爽為第一優先。事前事後的相關「動作」都少得可憐，中間也只顧著自己不會在意伴侶到底有沒有Happy，辦完事就會翻個身就又睡著了；要是單身的人，還會急急忙忙穿衣回家，連給對方一個擁抱都很吝嗇。

B 這是個溫柔的對象，在享受兩人的肉體歡娛時，他（她）也會關心伴侶「性」不「性」福。這種人會願意順從各種姿勢，或是穿性感內衣，來滿足伴侶，達到靈肉合一的快感。

C 這種人對性的要求不高，對性的想法也很單純，不會想太多。有時興趣來了，也會羅曼蒂克起來，來個床前的燭光晚餐等；但有時也是草草了事，不過也不是故意這麼做的，所以這類伴侶的「性福」指數，就是忽高忽低的。

D 這類人看似平常，可實際上佔有欲很強，對於愛情與性，也都佔有欲強烈。所以在床上，他

（她）會盡全力來討好對方，用這些招數來努力套牢愛人，讓愛人無力再外出偷吃。賣力的背後，是為了滿足自我的佔有欲。

性愛是一種神聖的禮物，它是至高無上的情感交融。而「性福」需要兩個人的默契配合，雙方都能從中獲得快感，不能只顧自己，不在意對方的感受。你要把自己栽種在愛情的沃土裡，去呵護、滋潤它！

解讀另一半的需求信號

35.

兩個人的「性福」之路已經走了很遠，那你知道你的另一半的需求信號嗎？當他（她）向你暗示的時候，你能很敏銳地體會到嗎？想知道答案就請做下面的測試吧！

號稱「印度國食」的咖哩食物，特殊的口味讓人難忘。如果到咖哩店，不常吃咖哩的你會選哪種口味來嘗試？要是你的他（她）是個超級咖哩迷，就選他（她）平常最愛吃的口味吧！

☐ A：雞肉或其他肉類口味

☐ B：超辣口味

☐ C：蔬菜口味

☐ D：海鮮口味

測試結果

A　當他或她想要做愛時，就會比往常殷勤，例如接送你下班、做家務，或是送花等禮物，態度也比平日溫柔許多。不過天下沒有白拿的禮物，愛人做這些舉動，都是為了讓你心甘情願和他（她）親熱。

B　他（她）的性暗示，都是很明快的，例如主動建議看些有親熱場面的影片，或是告訴你他（她）又買了新內衣褲，要是你還是聽不懂，他（她）也懶得再暗示什麼，乾脆「自我安慰」還比較快。

C　這種人想做那種事時，是死也不會開口說什麼的，不過仔細觀察，還是能看出一些蛛絲馬跡。因為他（她）的行為會變得怪異，對你忽冷忽熱，有時還會癡癡望你半天，或是在浴室待的時間比往常久很多。這些都是暗示，要是你不瞭解，他（她）就生悶氣，行為會更怪。

D　你的愛人想做愛時，會單刀直入，暗號就是一直黏著你，會用肢體不斷碰觸你，如撫弄你的

手掌，愛撫你軀體的其他部位，還帶著色色的
笑容，只差沒明白說出「快來做吧」的字眼了！

透過這個小測試，你想必清楚地知道了你愛人的
需求信號了吧！以後要做個敏感的人，不要讓你的另
一半失望喲！

情緒測量：
尋覓自己真實的情感之源

36. 平時的你總是帶有敵對情緒嗎

測試說明

　　許多人認為敵對心態是一種不良的情緒，當自己有了這種情緒後便感到十分羞愧，其實大可不必。每個正常的人都會對別人、對命運，甚至於對自身產生敵對情緒，這是很自然的。但如果這種情緒過分強烈，且十分持久，就不正常了。下面10道題用來測試你是否總以敵對心態對人，請儘量客觀地回答每一個問題。

測試開始

1. 你憎恨他人嗎？

　　❏　A：對於某些人或事情，我的確充滿憎恨

　　❏　B：我偶爾會有這種情緒

　　❏　C：我很少或不曾這樣

2. 你固執己見嗎？

   ❏ A：意見的不同是件有趣的事

   ❏ B：除非你同意我的看法與見解，否則我們沒
     有什麼好談的

   ❏ C：有些人意見與我不一致，也可能他們是正
     確的

---

3. 你對別人態度如何？

   ❏ A：我習慣粗魯無禮，不管別人是否喜歡

   ❏ B：我的語氣與言語偶爾會不太禮貌

   ❏ C：我的言語常常讓人覺得和善與禮貌

---

4. 你是否喜歡諷刺、挖苦別人？

   ❏ A：我很少諷刺、挖苦別人

   ❏ B：我經常諷刺、挖苦別人

   ❏ C：我偶爾想要諷刺、挖苦別人，就立即實施

---

5. 你羨慕他人嗎？

   ❏ A：我很少羨慕

   ❏ B：我羨慕某些人

   ❏ C：我痛恨那些擁有我想要的東西的人

6. 你覺得自己是否有嫉妒心？

❑ A：當我關心某人而他比我好時，我對那人就
　　　會很嫉恨

❑ B：我已在學習拋棄小小的嫉妒心

❑ C：為何要嫉妒？嫉妒從未進入我的腦海

7. 你缺乏耐心嗎？

❑ A：我以缺乏耐心而出名，但我並不在意

❑ B：我絕對很有耐心

❑ C：偶爾會覺得很不耐煩

8. 你相信他人嗎？

❑ A：我很相信別人

❑ B：有些人不能相信

❑ C：每個人都存心「陷害」我，我不相信任何
　　　人

9. 你的脾氣暴躁嗎？

❑ A：偶爾會發脾氣

❑ B：我隨時都會大發脾氣

❑ C：要我大發脾氣實在不是件容易的事

10. 你在背後說人長短嗎？

　　☐　A：我喜歡這樣

　　☐　B：我從來不這樣做

　　☐　C：有時，我會散佈閒言碎語

 計分標準

題號＼得分＼選項	A	B	C
1	1	2	3
2	3	1	2
3	1	2	3
4	3	1	2
5	3	2	1
6	1	2	3
7	1	3	2
8	3	2	1
9	2	1	3
10	1	3	2

10～14分：嚴重敵對心態。你的敵意甚深，請你靜下心來，仔細找一找產生敵對心態的原因。是不是由於不順心，或是由於壓抑引起的。敵意持續久了會對人的身心產生極為不良的影響，請設法消除。你不妨這麼想：「這種心態只能把事情搞壞，對己對人都沒有好處，所以不應該有這種心態！」如果不奏效，你還可和自己的親密朋友，冷靜地談論引起這種敵對感的情景或個人，這樣也許會讓你把這種情緒宣洩掉，使之化為烏有；或者去運動運動，踢幾個球，投幾個籃，使自己完全陶醉於其中，這樣會使你感到滿足、痛快！還有一個辦法，可以用在許多場合——克制。再有就是自言自語：「那又怎麼樣？什麼事？沒事。」這樣一來，你的敵對情緒也就會銷聲匿跡了。

15～24分：輕度敵對心態。你不必為自己的這種心理擔心，只要能按前面所述的一些方法來控制自己，這種心理很快就會消失。

25～30分：無敵對心態。你心胸開闊，凡事想得開，高尚、無私、磊落、隨和，這些都是你贏得知識、榮譽和朋友的原因，有利於你未來的發展。

剖析你的心

如何清除敵對情緒呢？專家提出以下建議：

1. 承認問題

讓你的親人和知心朋友瞭解你，知道你已經認識到自己的確存在著遇事易發怒的壞脾氣，並且向他們表示你已經打算控制這種不良的情緒，要求他們給予支援和幫助。

2. 克制感情

當與人為敵的思想在你的頭腦中出現的時候，要用理智來克制自己的感情。你這時千萬不能發脾氣，理性常常會幫助你克制住自己的怒火，使敵意、怒氣漸漸消除、化解。

3. 多想他人

遇事千萬不可魯莽，應當設身處地替別人多想一想，這樣你才能理解別人的觀點和別人的行為舉止。在大多數場合，如果你這樣做了，就會發現自己的憤怒頃刻間已消失得一乾二淨。

4. 增加幽默

幽默能緩解矛盾，使人們相處得融洽和諧。在生

活中，人與人之間難免會發生一些摩擦或誤解，而一個得體的幽默，往往能使雙方擺脫困窘的境地。幽默，常常使憤怒失去它的威力。

5. 以誠待人

在與人開始交往時應當不抱成見，尋找機會取得別人的信任，奉行以誠待人的辦事原則。如果你處處關心別人，常常用友善的態度對待大家，你心中的怒氣也就會被消除，從而使敵對情緒不再損害你的健康。

6. 寬容大度

做人不要斤斤計較，不要打擊報復。這樣你就會感到好像從自己的肩上卸下了沉重的憤怒的包袱，從而幫助你忘卻那些不愉快的事情。

千萬不要忽視敵意、憤怒對自己的危害，從現在開始就重視它。如果一個人不重視積極地消除敵對情緒，那麼他仍舊會時常暴跳如雷。如果能堅持按照上面提出的幾點建議去做，經過一段時間以後，你就會感到自己受益匪淺。

你是情緒地雷拆解高手嗎

測試說明

你是情緒的操縱桿嗎？你能自我安慰、擺脫焦慮、灰暗和不安嗎？請做下面的測試。

測試開始

愛上一個人之後，好像認識得越久，就會有越多的惡習出籠，和最初相戀時的完美形象大相徑庭。到底什麼樣的愛情酷刑讓你覺得最受折磨？

☐ A：愛人常和酒肉朋友鬼混

☐ B：動不動就爆發冷戰，避而不見

☐ C：抽煙、喝酒、賭博等惡習

☐ D：喜歡管東管西

A 你很在意自己所處的地位是否鞏固，所以如果你知道自己還是處於勝利者的地位，仍然高高在上，就不會太介意平時發生的小事了。人生難免會有起伏，說你完全不會受影響那是不可能的，但是你會評估此事的重要性。將時間和力氣花在不必要的爭執上，對你而言，實在是太浪費時間了。

B 你的感覺很細膩，別人的一兩句無心之語，你聽到後，就如同千萬根針在扎著你的胸膛，讓你痛不欲生。很多時候，是自己把事情嚴重化了，明明對方沒有那麼多枝枝節節的想法，可是經過你一詮釋，好像就演變到非開戰不可的地步。大部分瞭解你個性的朋友，都會儘量小心說話，免得成為罪人。

C 你能夠將自己的感覺隱藏起來，讓別人不知道你在想什麼。可是，你會在適當的時刻釋放出你的心理壓力。對於別人和自己而言，這些小火花不具有任何殺傷力，你在無形中就將傷害

降至最低。在別人眼中，你像是一個沒有脾氣
的人，其實是因為你熟知該如何處理自己的情
緒垃圾，才能控制得如此得體。

D 你有點容易煩躁，不喜歡被別人盯得很緊。如
果有人太過關心你的生活和一舉一動，雖然只
是提出一個小建議，恐怕都會引起你很大的反
應，因為你喜歡照自己的意思做事，不願受人
干涉。被人管束會使你有窒息的感覺，你簡直
一秒鐘都不能忍受。你的情緒來得急、去得也
快，不過要留心別在盛怒時對別人造成心理傷
害。

　　最近，美國密歇根大學心理學家南迪‧南森在一
次研究中發現，一般人一生平均有十分之三的時間處
於情緒不佳的狀態。因此，人們要常常與那些消極心
情相對抗。
　　在日常生活中，情緒好像是一種很難控制的東西，
很可能因為一件小事就能激起人們很強烈的情緒，也

可能在我們不知不覺中它又銷聲匿跡了。就這麼個來無影去無蹤的「隨行者」，我們真的能控制它嗎？要想成為情緒地雷拆解高手，必須做到以下幾點：

1. 尋找原因。
2. 尊重規律。
3. 睡眠充足。
4. 經常運動。
5. 規律飲食。
6. 積極樂觀。

38. 你是感情用事的人嗎

測試說明

　　我們通常所說的感情用事，實際上就是指人的情緒化傾向，為人處世是熱情激動還是理智冷靜。兩者應該說各有長處與不足，重要的是能否揚長避短。

　　本問卷有10道測試題，每題有A、B、C三個選項，請你仔細審讀，完全明白每一道題的意思，然後以最快的速度誠實作答，每題只選一項答案。

測試開始

1. 你喜歡成為一名：
   - ☐ A：設計摩天大樓的建築工程師
   - ☐ B：確定不了
   - ☐ C：著名的文科教授

2. 你喜歡閱讀：

❑　A：自然科學書籍

❑　B：不確定

❑　C：哲理性書籍

3. 你最傾心哪種行業：

❑　A：音樂

❑　B：不確定

❑　C：機械工作

4. 你樂意：

❑　A：負責指揮幾個人的工作

❑　B：不確定

❑　C：和同事合作

5. 你偏愛觀看：

❑　A：軍事、歷史題材的電影

❑　B：不確定

❑　C：富有感情、充滿幻想的言情片

6. 你希望自己成為一個藝術家而不是工程師：

   ❏ A：是的

   ❏ B：不確定

   ❏ C：不是的

7. 你最愛聽的音樂是：

   ❏ A：輕快活潑的

   ❏ B：不確定

   ❏ C：感情沉鬱富有激情的

8. 你時常想入非非：

   ❏ A：是的

   ❏ B：介於A、C之間

   ❏ C：不是的

9. 對於那些文化素養高的人，如醫生、教師等，即便他們犯了錯誤，侮辱他們也是不應該的：

   ❏ A：是的

   ❏ B：介於A、C之間

   ❏ C：不是的

10. 在各門功課中，你最偏愛：

☐ A：語文

☐ B：不確定

☐ C：物理

1、3、4、6、7題的A、B、C：選項分別得0、1、2分。

2、5、8、9、10題的A、B、C選項分別得2、1、0分。

14～20分：你敏感，好感情用事，通常心太軟，有點多愁善感；富有幻想，不切合實際，缺乏恆心，不喜歡粗魯豪放的人。在團體中，常常由於不太切實的想法和行動而影響團體的工作效率，最好避免做事務性的工作。

10～13分：你一般都能較為理智和客觀地處理生活中的一些事務，但偶爾仍然會有衝動、感情用事的時候，要學會控制自己的感情。

0～9分：你富有理智，注重現實，能以客觀、獨立的態度處理現實問題，但有時可能會表現得傲慢冷酷和缺乏彈性。

在日常生活中，不管是大事還是小事，千萬要冷靜，切不可感情用事。如果不冷靜思考，感情用事，最終釀成悲劇，將追悔莫及。人的感情是很複雜的，而且很不容易控制，這就更需要我們自己提高理智，用理智來控制感情，掌控感情的流向。

你是否時常倍感焦慮呢

39.

測試說明

　　現代社會是個充滿機遇與挑戰的時代，或者說是個危險與機遇並存的社會。在這樣的環境中，人要保持一份豁達與從容的心態似乎很不容易。很多人都渴望擁有並保持一種寧靜的心態，然而焦慮卻常常把他們包圍。你知道自己是否焦慮？哪些表現說明自己正處於焦慮狀態？下面的題目可以幫你解開心中的困惑。

測試開始

　　焦慮自評量表

　　注意事項：下面有20個選項，請仔細閱讀每一個問題，把意思理解清楚。每一個選項後面有4個方格。請你根據你最近一個星期的實際感覺，在適當的方格裡畫一個「∨」。

　　沒有或很少時間1

小部分時間2

相當多時間3

絕大部分或全部時間4

1. 覺得比平常容易緊張和著急 1. 2. 3. 4.

2. 無緣無故地感到害怕 1. 2. 3. 4.

3. 容易心裡煩亂或覺得驚恐 1. 2. 3. 4.

4. 覺得可能將要發瘋 1. 2. 3. 4.

5. 覺得一切都很好，也不會發生什麼不幸 4. 3. 2. 1.

6. 手腳發抖打戰 1. 2. 3. 4.

7. 因為頭痛、頭頸痛和背痛而苦惱 1. 2. 3. 4.

8. 感覺容易疲乏和困倦 1. 2. 3. 4.

9. 覺得心平氣和，並且容易安靜地坐著 4. 3. 2. 1.

10. 覺得心跳得很快 1. 2. 3. 4.

11. 因為一陣陣頭暈而苦惱 1. 2. 3. 4.

12. 曾經暈倒過，或覺得馬上會暈倒似的 1. 2. 3. 4.

13. 吸氣呼氣都感到很容易 4. 3. 2. 1.

14. 手腳麻木和刺痛 1. 2. 3. 4.

15. 因為胃痛和消化不良而苦惱 1. 2. 3. 4.

16. 常常要小便 1. 2. 3. 4.

17. 手常常是乾燥溫暖的 1. 2. 3. 4.

18. 臉紅發熱 1. 2. 3. 4.

19. 容易入睡並且一夜睡得很好 4. 3. 2. 1.

20. 容易做噩夢 1. 2. 3. 4.

把20題得分相加為粗分，把粗分乘以1.25.，四捨五入取整數，即得到標準分。焦慮評定的分界值是50分。分值越高，焦慮傾向越明顯。

焦慮是一種令人心煩的情緒狀態。在焦慮狀態中，我們會感到不舒服，好像受到威脅、不自在、不堪忍受、無法做出反應、喪失了自主性。那麼我們該如何抑制焦慮情緒呢？

1. 改變你的態度。以積極的心態看待事物，危機也可能是轉機。

2. 保持樂觀。缺乏信心時，不妨以過去的成就或對未來的美好前景的展望來鼓勵自己。

3. 想像自己處在一個舒適愉悅的環境中,有助於消除焦慮。

4. 反覆告訴自己,一切都沒有問題,我可以應付得來。

5. 暫時放鬆幾秒鐘,拒絕受焦慮擺佈。

6.向窗外眺望,將視線轉向遠方,避開低沉的氣氛。

7. 深呼吸。

8. 放聲大喊。

9. 伸展肌肉有助於緩和焦慮。

10. 按摩肌肉以緩和腎上腺素的分泌。

11. 按摩太陽穴可緩解疼痛並鬆弛頸部的肌肉。

12. 左右移動下顎,可使臉部肌肉鬆弛。

13. 上下轉動雙肩,配合深呼吸以放鬆緊繃的肌肉。

14. 洗熱水澡。

15. 運動可消耗一些能產生緊張的化學物質,同時也可以放鬆肌肉。

16. 聽音樂,可放鬆肌肉,也可使心情感到愉悅。

40. 你是不是個幽默人物呢

測試說明

　　平時你是個古板嚴肅的人，還是個幽默詼諧的人呢？做完下面的測試你就知道答案了，每個題中你只需回答「是的」、「不知道」或「不是」。

測試開始

1. 你閱讀笑話書嗎？
2. 你是否喜歡搞笑影片？
3. 你是否會對描述艱苦生活的老影片發笑？
4. 你講黃色笑話嗎？
5. 你是否很少感到侷促不安？
6. 你是否更喜歡看喜劇影片，而不是驚悚片？
7. 你是否會對惡作劇發笑？
8. 你是否曾經喝醉過酒？

9. 你是否會在晚會上梳奇怪的髮型，穿奇怪的衣服？

10. 你是否會嘲笑逆境？

11. 你是否願意成為一名喜劇明星？

12. 你是否有時會嘲笑自己？

13. 你是否在春風得意時栽過跟頭？

14. 你是否每天至少大笑一次？

15. 你是否會感到馬戲團的小丑很好笑？

16. 你是否會對從前聽過的笑話感到好笑？

17. 你會惡作劇嗎？

18. 如果別人取笑你，你會微笑嗎？

19. 如果你被雨淋了，你是否會笑？

20. 如果你在藝術展覽館看到一個裸體雕像，你會微笑嗎？

21. 如果你看到有人踩在香蕉皮上，你會發笑嗎？

22. 你經常大聲笑嗎？

24. 有時你會讓人發笑，對嗎？

23. 你在工作中開玩笑嗎？

25. 你很容易理解笑話嗎？

計分標準

每回答一個「是」得2分，每回答一個「我不知道」得1分，每回答一個「不是」得0分。統計總分。

測試結果

低於17分：你似乎是那種十分嚴肅的人，而且不會特別注意事物有趣的一面。

你可能十分內向，而且討厭那種一群無所事事的人待在一起，無緣無故地大聲喧鬧大笑的聚會。但是，如果某些事情的確讓你感到好笑，你也會情不自禁地笑出聲來，這會讓周圍的人感到困惑，因為他們很少看到你的這一面。

你應當記住，我們每個人都是不同的，都會因為不同的事情而發笑，而且有不同的幽默閾限。同時，當遇到嚴峻的局面時，我們應當儘量去看它有趣的一面，這樣可以幫助我們走出困境。

18～35分：你可能擁有平衡的幽默感，既能夠看到事物有趣的一面，同時又能夠對人們的不幸給予同

情。

　　儘管你會對引你發笑的事物做出直截了當的反應，但是你對這些逗你笑的事物是很有選擇的。有些人會被粗魯庸俗的笑話激怒，而其他人則可能會覺得這些笑話很有趣；有些人喜歡香蕉皮式的幽默，而另一些人則從來沒有想過去嘲笑別人的不幸；有些人只對不會冒犯其他人的更精妙的幽默做出反應，例如機智的雙關語。你可以分析你對本套試題中每道題目的回答，以便瞭解哪些是最能逗你發笑的幽默。

　　36～50分：你非常熱切地追求趣味感，這表明在很大程度上，你的生活處於良好狀態。

　　儘管這並不一定說明你對周圍發生的所有事情都感到好笑，但是能夠逗你發笑，或者你感到很有趣的事情的確很多。

　　但是，這種機智不能算是一種優點。例如，拿別人的不幸來取樂的行為顯然不會被欣賞，而且在某些情況下可能會引起衝突。

　　眾所周知，良好和廣泛的幽默感意味著你對生活抱有樂觀積極的態度，而且會幫助你贏得很多朋友，只要你注意不要冒犯別人，而且知道什麼時候應該適可而止就行。

　　幽默是在善意的微笑下，透過影射、諷喻、雙關等手法揭露怪誕和不通情達理之處，它是健康的特質之一，是一種愉悅的情緒表現。生活中應用幽默，可緩解矛盾、調節情緒，給人帶來歡笑，征服憂愁和煩惱，促使心理處於相對的平衡狀態。幽默較之於笑話的高明之處在於意味深長。幽默是一種含蓄，一種穩重，幽默需要高品位的修養。幽默像一首耐人尋味的詩，它蘊寓著無限的聯想，給人留下美好的記憶。幽默的年輕人活潑可愛，幽默的老年人健康長壽。

　　現代心理學家認為：幽默不但能調節和保持心理健康，還可起到延年益壽和抗衰老的作用。究其原因，幽默能使緊張的心理放鬆，釋放被壓抑的情緒，擺脫窘困場面，緩和氣氛，減輕焦慮和憂愁，避免過強的刺激，從而起到心理保健的作用。

41. 你的脾氣是好還是壞呢

測試說明

心理專家認為，對憤怒的感受加以強制壓抑，便可能形成沮喪、緊張的情緒，還可能引發疾病。這個小問卷可以幫助你瞭解自己的脾氣。下面有8個題目，可以測試你的脾氣。請你在A、B、C三個選擇中，選出最適合你的一句話。

測試開始

1. 遇到令人惱怒的事情時：

   ❏ Ａ：我會大吼出來，讓每個人都知道我的憤怒

   ❏ Ｂ：我一句話也不說，好像變了一個人似的

   ❏ Ｃ：我儘量不發脾氣，爭取用有效的方法解決麻煩

2. 當我感覺受到傷害時：

☐ A：如果我覺得確有必要，就把它說出來

☐ B：我當場就說出來

☐ C：由於非常痛心，也許我永遠不會把它說出來

3. 當別人對我發脾氣時：

☐ A：我時常想辦法平息他（她）的怒氣或者乾脆走開

☐ B：我會聽他（她）說些什麼，然後勸他（她）冷靜下來，讓彼此能夠坐下談談

☐ C：我覺得這是正常行為，因為我也會發脾氣

4. 對家裡人發火時，你會摔東西嗎？

☐ A：有時候會

☐ B：只有在吵過架，事過之後才會

☐ C：從來不會

5. 你認為吵架會破壞愛情嗎？

☐ A：是的，我認為會

☐ B：並非如此，我認為建設性的吵架還能增進愛情

☐ C：不見得，但也許有那個可能

6. 遇到困難，你是否會把怒氣發洩在離你最近的人身上？

   ❏ A：從來不會

   ❏ B：經常如此

   ❏ C：儘量不這樣

7. 在學習和工作期間，你曾向人發過脾氣嗎？

   ❏ A：有過。對同學或同事

   ❏ B：有過。對老師或主管

   ❏ C：從來沒有過

8. 如果你被拉去和一位令你生氣的人討論事情，你會：

   ❏ A：儘快退出討論會

   ❏ B：不願動怒，而且遷就他

   ❏ C：告訴他，他錯在哪裡

計分標準

題號 \ 選項	A	B	C
1	2	0	1
2	1	2	0
3	0	1	2
4	2	1	0
5	0	2	1
6	0	2	1
7	2	1	0
8	0	1	2

　　經過上述8題的測試後，將所有分數相加。

測試結果

　　0～5分：這樣的低分數表示，你出於某種理由而很怕生氣──不但怕自己生氣，也怕別人生氣。心理學者認為你很內向，不願將自己的內心展露在眾人面前，你甚至以為自己是屬於那種「從來不生氣的人」。事實上，你可能在欺騙自己。

　　6～11分：該得分屬於普通「正常」的脾氣。你往往能夠領悟自己是否在生氣，而且能適當地表現出來。大致上，你不是個容易發脾氣的人，主觀上也不嚴格控制情緒外露。不過，因為你想做個理性的人，所以你可能會稍微壓制脾氣，不讓自己把內心的感受強烈地表現出來。

　　12分以上：你在憤怒的表達上沒有任何困難。換言之，該發脾氣時就發，這往往是件好事，只是你可能會令他人害怕，覺得你有敵意、粗暴。你對生活細節頗為敏感，有時甚至無法抑制自己的情緒表達。心理專家告誡你：小心為妙。

　　火氣大，愛發脾氣，實際上是一種敵意和憤怒的心態。當人們的主觀願望與客觀現實相悖時就會產生這種消極的情緒反應。心理學研究表明，脾氣暴躁，經常發火，不僅是誘發心臟病的因素，而且還會增加罹患其他疾病的可能性。因此為了確保自己的身心健康，必須學會控制自己，克服愛發脾氣的壞毛病。

　　1.意識控制

當憤憤不已的情緒即將爆發時，要用意識控制自己，提醒自己應當保持冷靜，還可進行自我暗示：「別生氣，生氣會傷身體。」有涵養的人一般都能做到自我控制。

2.承認自我

勇於承認自己愛發脾氣，以求得他人幫助。如果周圍人經常提醒你、監督你，那麼你的目標一定會達到。

3.反應得體

當遇到不平之事時，任何正常人都會怒火中燒。但是無論遇到什麼事，都應該心平氣和，冷靜地、不抱成見地讓對方明白他的言行錯在哪裡，而不應該迅速地做出不恰當的回擊，從而剝奪了對方承認錯誤的機會。

4.推己及人

凡事都要將心比心，就事論事，如果遇到任何事情，你都能站在對方的角度來看，那麼，很多時候，你會覺得沒有理由遷怒於他人，自己的怒氣自然也就消失了。

5.寬容大度

對人不要斤斤計較，不要打擊報復。當你學會寬

容時，愛發脾氣的毛病也就自行消失了。

6.從現在開始

現實生活中，一些人常常說：「我過去經常生氣，自從得了心臟病後我才認識到，任何事情都不值得大動肝火。」請不要等到患了心臟病後才想到不要生氣，要想克服亂發脾氣的壞毛病，就從今天開始吧！

你是不是高度敏感的人呢

　　多思、敏感是很多人共同的正常心理特徵，但是如果過於敏感，不但對自己的情緒有所影響，還會引起神經衰弱，對健康造成傷害，瞭解自己的敏感度，從下面的心理測試開始。在每題後選擇「是」、「否」或「兩者之間」三種可能性。

1. 你敘述了一件親身經歷的事給家人聽，大家覺得有點難以置信，一笑了之。這時你會繼續舉出一系列的證據務必要大家相信那是真實的嗎？

2. 你坐在客廳讀報，忽然發現從窗戶射進的一束光中無數小灰塵在上下飛舞，你是否馬上感到呼吸有障礙，移到遠離光束的地方？

3. 乘坐地鐵時，與一個陌生人同座，你看到她用手背觸了一下鼻尖，你會疑心她在嫌棄你的氣味嗎？

4. 一次你在街上碰到一位同事與人邊走邊聊。你隔著一段距離朝他熱情地打招呼，他沒有馬上做出反應，你是不是會想「他為何這般當眾羞辱我，難道我得罪他了嗎？可惡！」

5. 你是否宣稱自己厭惡蜚短流長的長舌婦，不久卻從你那兒傳出關於某人的毫無根據的謠言呢？

6. 你是否為證明你的社會地位絲毫不差於人，而在服飾、娛樂等方面的開銷超出自己的經濟能力？

7. 你平生第一次墜入愛河，視情侶為心中神聖的偶像。有一天，忽然發現他（她）竟做出十分庸俗的事，你會感到幻想的破滅，並決定拋棄戀人嗎？

8. 哪怕與最好的朋友辯論時，你也始終認為自己是無疑的正確觀點持有者，對方不過是「歪理也要辯三分」，是嗎？

9. 你為別人提供服務或協助後，是否常常怨人家對你酬謝菲薄？

10. 老同學聚在一起聊天，你發表了一番對當前國際形勢的看法。一個與你深交的同學對你的宏論頗不以為然，隨口說，這都是外行話。你當時不露聲色，回去以後就決定與他斷交，會這樣嗎？

11. 別人指出你處理事情不妥，你是否會找一串理由加以申辯？

12. 同事們議論一下不在場的熟人，你把你所瞭解的他的遭遇大加渲染了一番。但事後頗感愧疚，於是再見到他時便刻意表現你對他的好感，是這樣嗎？

13. 你的一位朋友平日與你交往甚密，但因意志薄弱，做了件對你不太忠實的事。你是否會毫不容忍、聲色俱厲地指責他的過失，表現你的憎惡情緒？

14. 你是否喜歡向人不厭其煩地詳細敍述你遭遇到的一件小事情？

計分標準

　　每道題答「是」得10分，答「否」得0分，「兩者之間」得5分。據此為你自己打分，算出總分。

測試結果

　　100分以上：為過分敏感者

　　你神經異常敏銳，感受性又很強，他人的親切和

恩情，或外界的冷酷，都會在你心中烙下不可抹滅的印記；目睹黑暗與殘酷，同等情況的你比別人受到的打擊要強烈得多，你的反應也因此異乎尋常的激烈。你與人相處很辛苦，你將他人一些與自己毫不相干的言行看做不利於己的動作，經常處於緊張的警戒中。這會引起周圍人對你的厭倦和反感，因為你使所有人感到緊張。如果你不設法改善，恐怕就真的要「不利於己」了。

60～99分之間：屬敏感性中等者

比起「過敏」者，你受傷害的機會少多了，你的戒備心理也小多了，不過你仍高於一般人的敏感程度；有時，你偶爾會顯示一絲神經質。不要緊，學會漠視一些東西，情況會好起來的。

59分以下：是敏感程度較輕者

也許是造化的公理使然，敏銳的感受力與你無緣，同時也替你掩蓋了世間的苦難與傷害，你比他人可能活得更幸福。

　　高度敏感的人有兩個最主要的特點：一是容易興奮，對刺激極為敏感，表現為多疑、敏感、偏見、固執、易激動、愛生氣、脾氣古怪；二是容易疲勞，特別是在進行看書、學習、寫作等腦力勞動時更明顯，表現為記憶力減退、頭腦昏沉、注意力不集中，等等。為了消除這種敏感，建議大家做好以下工作：

　　1.學會強化自己

　　不要以別人的評價為轉移，以別人的好惡為是非。如果別人以異樣的眼光盯著你看時，你不必侷促不安，也不必神情窘迫，唯一的辦法是——用你的眼波接住對方的眼波，久而久之，你就會發現自己就是自己，可以自如地生活在千萬雙眼睛織成的人生之網裡。

　　2.不計較小事

　　每天生活中、人際交往中的矛盾、衝撞，甚至衝突，都是無法避免的。有些小事發生了，也就把它當做雨過天晴了。如果一個人被生活中的煩瑣小事牽著鼻子走，人也會變得瑣碎，不僅不討人喜歡，自己也會自尋煩惱。

3.認識自己，善待自己

　　要認識到自己不能代替別人，別人也不能代替自己；別人不會事事贏過自己，自己也不可能事事出人頭地。要有大處著想的胸懷，敢於公開自己的優缺點，而不盡力去掩遮一切；要有「走自己的路，讓別人說去吧」的勇氣。

4.充實業餘時間

　　參加團體娛樂或讀點你自己感興趣並有益的書籍。當有「敏感」干擾時，即用鬆弛身心的辦法來對付。可進行自我暗示，轉移注意力，如轉移話題、有意避開現場等。另外，持之以恆的運動健身，也有助於防止「心理過敏」的現象發生。

你是如何緩解緊張情緒的

43.

測試說明

對於平常人來說，緊張情緒在所難免，你是怎麼緩解緊張情緒的呢？做做下面的題目吧，對你一定有所幫助。

本測試共10題，每題3個選項。請把你認為最適合或最接近你實際情況的一個答案選出來，在20分鐘內完成。

測試開始

1. 你與同事有了不可協調的矛盾，不得不訴諸法律時，你會如何？

   ☐　A：對此事感到十分焦慮不安，以致於無法入睡

   ☐　B：這是生活中無法避免、隨時可能出現的事情，算不上多重要

❏ C：暫時放在一邊，到法庭後再應對

---

2. 參加親朋好友的生日聚會、結婚慶典等這些必須破費的場合時你會如何？

❏ A：設法找藉口不去參加

❏ B：經常選購一些比較新鮮的小禮物，用以應對這些場合

❏ C：只把禮物送給最親密的人

---

3. 你屋子裡的物品讓水管中漏出的水泡壞了，你會怎麼樣？

❏ A：極其不悅，盡情地說出自己的不滿

❏ B：自己動手修補損壞的物品

❏ C：打算為此與房東在租金上討價還價，並向有關部門反應

---

4. 你和同事出現糾紛而沒有結論時，你會如何？

❏ A：借酒消愁

❏ B：請來懂法律的人士，打算求助法律

❏ C：到外面走一走，讓自己的情緒儘快平靜

5. 長年遇到的多種煩惱使你的家人變得容易發怒時，你會怎麼樣？

    ❑ A：儘量迴避爭端，避免進一步惡化雙方關係

    ❑ B：想辦法向朋友訴說自己的苦悶

    ❑ C：和對方一起討論，爭取找到解決的辦法

6. 一位同事要成家了，在你的眼裡，他們的結合將會是不幸福的，你會怎麼樣？

    ❑ A：想辦法使自己相信這種想法是不正確的

    ❑ B：沒關係，一切都還有機會扭轉

    ❑ C：很正式地向朋友說出你的想法

7. 你的工作業績得到了主管的認可，並派給你一個困難較大的工作任務，你會怎樣？

    ❑ A：放棄這次工作的機會，因為它會使你增加壓力

    ❑ B：對自己的能力表示不確定

    ❑ C：認真瞭解工作的性質和要求，做好準備，迎難而上

8. 你的朋友在一次車禍中傷得很嚴重，當你知道這些時，你會怎麼樣？

   ❏ A：調整好自己的情緒和狀態，幫忙處理事情並安慰其他朋友

   ❏ B：知道情況後，放聲痛哭

   ❏ C：要靠鎮靜藥來讓自己平安度過這段時間

9. 一到星期天，你和另一半都要為去誰父母家過假期而發生爭執，此時你會怎麼樣？

   ❏ A：每逢節假日，和家庭各個成員來個大聚會

   ❏ B：決定在重要的節日裡和你的父母、家人團聚，其他日子和對方父母、家人團聚

   ❏ C：不再做任何聚會活動，以減少不必要的麻煩

10. 當你覺得身體欠佳時，你會怎樣？

   ❏ A：自己給自己當大夫

   ❏ B：把情況告訴家人，然後去醫院向醫師求助

   ❏ C：能忍就忍著，拒絕去醫院，相信會好的

計分標準

第1～3題：A、B、C各選項對應分數分別為
3、1、2
第4～7題：A、B、C：各選項對應分數分別為
3、2、1
第8～10題：A、B、C各選項對應分數分別為
2、1、3

測試結果

　　分數越低，說明你的自我緩解壓力的能力越強；
你的分值如超過17分，則說明你緩解壓力的能力尚欠
缺，需要加強。

　　長期處於壓力狀態時間長了必然會導致心理或生理疾病，每個人都應該學會緩解壓力的辦法，如向朋友傾訴、運動、多想美好的事等。

44. 你給人的第一印象如何

測試說明

　　從心理學的角度來看，由於第一印象是在對某人一無所知的情況下獲得的，故嵌入大腦的程度較深，並且它對今後輸入的關於此人的資訊將產生不可忽略的作用。

　　要想知道你給人的第一印象如何，請做下面的測試，選擇每題中最適合你的答案。

測試開始

1. 當你第一次見到某個人，你的表情是：

　　❑　A：熱情誠懇、自然大方

　　❑　B：大大咧咧、漫不經心

　　❑　C：緊張侷促、羞怯不安

2. 你與他人談話時的坐姿通常是：
   ❏ A：兩膝靠攏
   ❏ B：兩腿叉開
   ❏ C：蹺起「二郎腿」

3. 你選擇的交談話題是：
   ❏ A：兩人都喜歡的
   ❏ B：對方感興趣的
   ❏ C：自己熱衷的

4. 與人初次會面，經過一番交談後，你能對他（她）的談吐舉止、知識能力等方面做出積極、準確的評價嗎？
   ❏ A：不能
   ❏ B：很難說
   ❏ C：我想可以

5. 你說話時姿態是否豐富？
   ❏ A：偶爾做些手勢
   ❏ B：從不指手畫腳
   ❏ C：我常用姿勢補充言語表達

6. 若別人談到了你興味索然的話題，你將：

    ❏ A：打斷別人，另找話題

    ❏ B：顯得沉默、忍耐

    ❏ C：仍然認真聽，從中尋找樂趣

7. 你是否在寒暄之後，很快就能找到雙方共同感興趣的話題？

    ❏ A：是的，對此我很敏銳

    ❏ B：我覺得這很難

    ❏ C：必須經過較長一段時間才能找到

8. 你和別人告別時，下次相會的時間地點是：

    ❏ A：對方提出的

    ❏ B：誰也沒有提這事

    ❏ C：我提議的

9. 你講話的速度怎麼樣？

    ❏ A：頻率相當高

    ❏ B：十分緩慢

    ❏ C：節律適中

10. 你和他（她）談話時，眼睛望著何處？

    ❑ A：直視對方眼睛

    ❑ B：看著其他的東西或人

    ❑ C：盯著自己的紐扣，不停玩弄

11. 見面時你說話的音量總是：

    ❑ A：很低，以致別人聽得較困難

    ❑ B：柔和而低沉

    ❑ C：聲音高亢熱情

12. 通常第一次交談，你們分別所佔用的時間是：

    ❑ A：差不多

    ❑ B：他多我少

    ❑ C：我多於他

計分標準

題號＼得分＼選項	A	B	C
1	5	1	3
2	5	1	3
3	3	5	1
4	1	3	5
5	3	5	1
6	1	3	5
7	5	1	3
8	3	1	5
9	1	3	5
10	5	1	3
11	3	5	1
12	3	5	1

12～22分：第一印象差

也許你會感到吃驚，因為很可能你只是依著自己的習慣行事而已。也許你本來是很願意給別人留下一個美好的印象，可是你的不經心或缺乏體貼、或言語

無趣,無形中卻讓對方做出關於你的錯誤的勾勒。你必須記住交往是種藝術,而藝術是不能不修邊幅的。

23～46分:第一印象一般

你的表現中存在著某些令人愉快的成分,但同時又偶有不夠精采之處,這使得別人不會對你印象惡劣,卻也不會產生很強的吸引力。如果你希望提高自己的魅力,首先必須從心理上重視,努力在「交鋒」的第一回合中顯示出自己的最佳形象。

47～60分:第一印象好

你的適度、溫和、合作給第一次見到你的人留下了深刻的印象。無論對方是你工作範圍抑或私人生活中的接觸者,他們無疑都有與你進一步接觸的願望。你的問題只在於注意那些單向的對你「一見鍾情」者。

剖析你的心

當你新到一個地方,與素不相識的人初次見面,必定會給對方留下某種印象,這在心理學上叫做第一印象。從第一印象所獲得的主要是關於對方的表情、姿態、儀表、服飾、語言、眼神等方面的印象,它雖然零碎、膚淺,卻非常重要,因為在先入為主的心理影響下,第一印象往往能對人的認知產生關鍵作用。

研究表明，初次見面的最初4分鐘，是第一印象形成的關鍵期。

怎樣才能給人良好的第一印象呢？從根本上說，它離不開提高自己的學識程度和修養水準，離不開進行經常的心理鍛鍊。心理學家提出下面5項建議：

1.顯露自信和朝氣蓬勃的精神面貌。

2.待人不卑不亢。

3.衣著、儀表得體。

4.言行舉止講究溫文禮貌。

5.講信用，守時間。

45. 給自我形象定定位

測試說明

　　你的自我形象是否正確，可以從下面的測試中測出來。

　　下面的測驗有50個形容詞，請從頭到尾讀兩次。第一次讀時，如果碰到的形容詞切合自己的個性或形象，就在「我正是」那欄的方格裡畫一個「╳」；第二遍讀時，碰到自己將來想具備的形象特質形容詞，就在「我想要成為」那欄畫一個「○」。所以，有些形容詞在兩欄中都會被畫上記號，有些則一個記號也沒有。不過千萬記得，打「□」和畫「○」要分開來做。

測試開始

　　我正是我想要成為
　　□□野心勃勃
　　□□好辯的

□□獨斷的

□□吸引人的

□□好戰的

□□粗魯的

□□謹慎的

□□迷人的

□□聰明的

□□肯競爭的

□□肯合作的

□□有創造力的

□□好奇的

□□憤世嫉俗的

□□大膽的

□□果斷的

□□堅毅的

□□迂迴的

□□小心的

□□賣力的

□□有效率的

□□精力充沛的

□□有趣的

□□好嫉妒的

□□寬大的

□□受挫的

□□慷慨的

□□誠實的

□□引人注目的

□□衝動的

□□獨立的

□□懶惰的

□□樂觀的

□□能言善辯的

□□有耐性的

□□實際的

□□有原則的

□□輕鬆的

□□機智的

□□自我中心的

□□有自信的

□□敏感的

□□精明能幹的

□□頑固的

□□猜忌的

□□膽小的

□□強硬的

□□可信的

□□溫和的

□□順從的

計分標準

在你的答案裡，如果一個形容詞只有一個記號（不論「○」或「□」），就可以得到1分；如果有兩個記號（一個「○」和一個「□」），不計分；如果沒有任何記號，也不計分。把各題得分相加就是總分。

測試結果

你的總分

34分以上：

毫無疑問，你對自己感到失望，你常會有受挫和失敗的情緒。最好找專家幫忙。

22～33分：

你經常看輕自己，見人就搖頭，對自己給人的形

象不滿意，對追求成功也沒有信心。你必須投入時間和精力，致力於人格的發展。

12～21分：

你有一些看扁自己，成功的機會不很大。你需要增強信心，減少真正自我與理想自我的矛盾。

6～11分：

表示你對自己感到比較滿意，但真正的自我與理想的自我仍有一些矛盾，你可以朝自己希望的去做。但該得分已經表明你有很健康的人格。

5分以下：

表明你有很強的正面的自我形象，對自己有很高的正面評價。你很自信，並對自己的能力感到滿意，成功的機會和個人成就感很高，真正的自我和理想的自我很一致。

人的一生始終都在尋找自我、實踐自我、超越自我。自我意識迅速發展的特殊時期——青少年期，他們積極主動地去認識自我、塑造自我、完善自我。

自我意識的分化，是自我意識走向成熟的標誌。

它使個體對自己的內心世界和行為，對自己的角色和責任都有了新的認識，也帶來了理想自我與現實自我的矛盾。個體感覺到了兩者間的差距，並為此感到苦惱和不安。比如有的人說「我希望自己是無所畏懼的」，可事實上自己連與異性講話都臉紅；「我希望自己有毅力」，可常常做事虎頭蛇尾；「我希望自己豁達樂觀」，卻時不時為小事生悶氣等。

自我意識分化的另一個表現就是出現了「主觀的我」和「客觀的我」兩部分，這兩部分往往並不一致。當「主觀的我」高於「客觀的我」時，表現出的是自負，這通常是由於生活中的一帆風順、片面的自我認識等因素造成；當「主觀的我」低於「客觀的我」時，表現出的是自卑，這通常是由於家庭教育的不當、生活中經歷的挫折及對自己要求過於苛刻等因素造成。無論是自負，還是自卑，都不利於一個人的發展，都會阻礙個體與他人建立良好關係。

46. 展現你魅力的武器是什麼

測試說明

英國作家巴里曾說過：「魅力彷彿是盛開在女人身上的花朵，有了它，別的都可以不必要；沒有了它，別的都管不了事。」可見魅力對於女人來說有多麼重要，作為女人，你展現自己魅力的武器是什麼呢？

測試開始

1. 你每次在鏡子前的時間超過十分鐘。
   是→到第2題
   否→到3題

2. 喜歡黛玉勝過寶釵。
   是→到第5題
   否→到第7題

3. 有人說你的微笑像茱莉亞・羅勃茲？

　　是→到第8題

　　否→到第4題

4. 讀過席絹的《上錯花轎嫁對郎》？

　　是→到第6題

　　否→到第7題

5. 瓊瑤的小說已經讀過兩遍以上。

　　是→到第9題

　　否→到第6題

6. 很欣賞《我的野蠻女友》？

　　是→到第10題

　　否→到第8題

7. 喜歡喝黑咖啡？

　　是→到第11題

　　否→到第9題

8. 喜歡穿成熟套裝？

是→到第12題

否→到第13題

9. 留飄逸長髮？

是→到第14題

否→到第11題

10. 學過跆拳道或者散打？

是→A型

否→到第13題

11. 喜歡看國際辯論會？

是→到第12題

否→到第14題

12. 皮夾是棕色的？

是→B型

否→到第13題

13. 有人誇你漂亮，你會：

不客氣地說謝謝→到第11題

臉紅→C型

14. 哭的時候非常忘情？
　　是→D型
　　否→C型

野蠻女友

你是個標準的豪爽女性，你最適合的不是低眉委婉的羞澀，而是英姿颯爽的自信笑容，很少有人不會為你甩頭、露齒的陽光魅力所吸引。對你來說，最能展現你個性的是灑脫的褲裝和飛揚的髮型。你的眼睛似乎天生就不是用來哭泣的，拍拍別人肩膀或者稱兄道弟才是你的本色，被這麼一拍一笑，沒有幾個人能拒絕你的要求。偶爾落一滴淚，淚也會物以稀為貴，起到意想不到的震懾效果。

擅長武器：豪爽笑容

鐵娘子

和人爭論時，彬彬有禮的態度和字字機鋒的言語恰成反比，冷靜睿智的目光和智慧的微笑是

你最能懾人的表情。談判桌上字字珠璣,或者辯論會上鋒芒畢露,都是展現你魅力的瞬間。你同樣不適合低眉溫婉,但你的平靜、理智的表情比任何保證書都更有說服力。在愛情上不妨稍微退讓一些,你對他的示弱也許會讓對方有坐擁天下的感覺。另外,偶爾失去控制,如孩子一樣大哭一場,說不定有出人意料的效果。

擅長武器:辯論時的睿智和冷靜,以及絲毫不帶強硬語氣卻步步緊逼的詞句。

C 微笑天使

可愛髮型,可愛裝扮,鄰家女孩一樣的親切笑容是你最有魅力的時刻。站在溫馨的路邊樹下,映著溫和陽光的微微一笑,讓人有如沐春風的感覺,大概只有機器人才不會為之所動。親和力是你最有效的武器,隨時隨地讓人有賓至如歸的溫馨感覺就可以無往不利。你不適合冷硬的態度或者粗魯的言行,但你的無聲的哭泣和溫和的微笑同樣是具有極大殺傷力的武器,綜合二者有效利用才是克敵制勝之道。

擅長武器:親切的態度,和藹的神情,當然,還有最重要的陽光微笑。

D 林妹妹

你才是展現「女人是水做的」這句名言的最好範例，作為一個感情豐富的性情中人，時不時為《藍色生死戀》這樣的片子潸然淚下讓身邊人有一種想要摟住你安慰的衝動。這種態度給人一種錯覺：你似乎生來就是為了被人保護的，沒有攻擊力也缺乏殺傷性，但沒人會意識到，你的眼淚正以一種潤物細無聲的方式慢慢滲透進對方心裡。

擅長武器：梨花帶雨的淚容，豐沛易衝動的感情

　　有魅力的人，人人都愛與之交友，和有魅力的人相處總是愉快的；她好像雨天的太陽，能驅除昏暗，人人都願為她做事一個人能否成功與她的個人魅力有密切的關係；良好的個人魅力是一種神奇的天賦，就連最冷酷無情的人都能受到他的感染。

　　那麼什麼樣的女人才具有真正的魅力呢？魅力女

人的武器是什麼呢？

　　第一種武器：修飾得當，有獨到的品味。

　　第二種武器：出得廳堂入得廚房。

　　第三種武器：聰明博學。

　　第四種武器：言語風趣收放自如。

　　第五種武器：追求愛情卻不癡迷。

　　第六種武器：善待自己。

　　第七種武器：人格獨立。

你有十足的女人味嗎

測試說明

不知女人知不知道，對於男人來說，令他神魂顛倒的並非是女人的外表，而是一個女人身上所散發的女人味。沒有女人味的女人不是真正的女人，有女人味的女人被男人們所欣賞、留戀。那麼，你不妨做一回「盤中餐」，看看自己的食物屬性，是不是男人心中有女人味的女人？

測試開始

1. 他今天發了薪水，興致勃勃地要請你吃飯，而你的選擇是：

　　☐　A：幾樣喜歡的家常菜

　　☐　B：去雖然喜歡，但因為價格貴一直沒捨得去的一間餐館

　　☐　C：新開業的，從未嘗過的一款料理

2. 你現在是一隻椰子，即將被人品嘗，你希望食客的方式是：

❏ A：在你身上鑿個小洞，用吸管飲用
❏ B：一剖兩半後飲用
❏ C：將表皮撕開一部分，吮之

3. 如果某一天，人類的味蕾只能品嘗出一種味道，你願意保留對哪種味道的知覺？

❏ A：甜味
❏ B：鹹味
❏ C：辣味

4. 現在是你的午休時間，你用餐的餐廳正在奏背景音樂，那麼，你更願意音樂的內容是：

❏ A：纏綿的情歌
❏ B：舒緩的歐美輕音樂
❏ C：亢奮的搖滾

5. 如果你決定從此開始只選擇素食，你的出發點是什麼？

❏ A：覺得宰殺動物很殘酷
❏ B：素食更有利於健康
❏ C：肉不好吃

6. 比薩是廣大白領女性都很喜歡的西式食品，而你
更願意和習慣的一種食用方式是：

  ❑ A：先將比薩都切成可以入口的小塊，再慢慢
　　　享用

  ❑ B：一邊吃一邊切

  ❑ C：直接用叉子叉起送到嘴中

7. 忙了一天的你饑腸轆轆，為了緩解你的饑餓，你
的進餐狀態是怎樣的呢？

  ❑ A：慢慢吃，並且一邊吃一邊歇息

  ❑ B：速度比較快，但是始終是小口小口地細嚼
　　　慢嚥

  ❑ C：狼吞虎嚥，風捲殘雲

8. 你的另一半結束了一天的勞累，這令善解人意的
你很心疼。而你覺得最能夠使男人的胃和身心都
得到滿足的理想食物是：

  ❑ A：人參雞湯煲

  ❑ B：牛排、紅酒

  ❑ C：燒烤類肉食、烈性酒

9. 這傢伙心血來潮，下廚給你露了一手，味道還可
以，卻不小心做多了，對於多餘的飯菜，你：

□ A：他下廚就是愛的表現，就算是多餘的，我
也要把他的愛一口一口地吃下去

□ B：兩人分攤

□ C：本小姐從沒有吃剩飯的習慣，誰造成的誰
解決

---

10. 在一次燒烤會上，你品嘗到了一種奇特的肉，你
希望是哪種動物的肉？

□ A：鴕鳥肉

□ B：企鵝肉

□ C：老鷹肉

每選A＝0分，B＝5分，C＝10分。

0～20分：馬鈴薯

當人饑餓時，你是一種最解餓的食物，迅速緩解
其饑餓感。你的實用性使你既可以被做成炸薯條，也
可以做成烤薯片，還可以炒菜、燉肉，從而充分滿足

許多人的食用需求。但是正因為你的個性就如你本身的味道一樣寡淡，模樣也不出眾，往往是別人眼裡的廉價品，得不到足夠的重視。沒辦法，誰叫你少了女人味呢！

女人味指數：★★

25～40分：小蛋糕

你的樣子乖巧，漂亮，味道也甜美，這就構成了你誘人的親和力。你的精緻使你不大可能會因為食客吃不了而遭到拋棄。所以在你的圈子裡，幾乎沒有誰會不喜歡你。但是作為小蛋糕，你卻往往擺脫不了這樣的命運——大家對你的喜愛總是表現在茶前飯後，你的角色永遠是點心，扮演不了主食。這只能怪你自己的「小」！

女人味指數：★★★★★

45～60分：霜淇淋

又冷又甜是你的雙重性格。你的冰冷決定了你不是誰都能吃的，好的霜淇淋諸如哈根達斯之類亦身份不菲。而你的清爽甘甜使得嗜吃之人有的吃起來可以不要命。你雖然有味道佳，能量大的優點，但是缺點同樣明顯，那就是受環境影響太大。炎炎烈日下，你很容易就化掉了。而三九嚴寒，也不會有幾位有雅興，

冒著凜冽寒風，品嘗你的「美麗凍人」。

女人味指數：★★★

65～80分：酒

性情潑辣卻又不僅僅止於潑辣，是你最重要的品質。所以不溫不火之人往往對你敬而遠之，因為他們受不了你的刺激，更談不上品味你的內涵。但是凡是接觸你的人皆會因你的品格而大有暢快淋漓之感。所以不管是人生得意須盡歡之人，還是欲舉杯澆愁愁更愁之輩，都願意從你那裡得到釋放的快感。但是有時會因為其不勝你的酒力而苦惱——還沒來得及品出滋味呢，怎麼就醉倒了？

女人味指數：★★★★

85～100分：生魚片

你的身份決定了你的受眾層次，曲高和寡，食物也是如此。大多數人吃不起，也是吃不慣——一來許多人更習慣熟食，二則想要品嘗你的美味，還要忍受芥末的辛辣，這是很多人所無法接受的。而即使是喜歡你這一味的，也不敢也不能多吃，否則的話，五臟都會被鬧個天翻地覆了。

女人味指數：★★

　　做女人一定要有女人味，女人味是女人的根本屬性，女人味是女人的魅力之所在。女人沒有女人味，就像鮮花失去香味，明月失去清輝。女人有味，三分漂亮可增加到七分；女人無味，七分漂亮降至三分。女人味讓女人嚮往，令男人沉醉。男人無一例外地會喜歡有味的女人；女人征服男人的，不是女人的美麗，而是她的女人味。那麼女人味到底是什麼味道呢？

　　1.不管你是白領還是藍領，待字閨中也好，初為人妻也罷，作為女人的你：永遠不要大大咧咧。要記住，凡事有分寸，矜持，永遠是最高品位。

　　2.外表漂亮的女人不一定有味，有味的女人卻一定很美。因為她懂得「萬綠叢中一點紅，動人春色不需多」的規則，具有以少勝多的智慧；憑藉一舉一動，一言一語，一顰一笑之優勢，盡現至善至美。

　　3.我們知道再名貴的菜，它本身是沒有味道的。譬如，「石斑」和「鱸魚」算是名貴了吧，但在烹調的時候必須佐以薑蔥才出味！所以，女人也是這樣，妝要淡妝，話要少說，笑要可掬，愛要執著。無論在什

麼樣的場合，都要好好地「烹飪」自己，使自己秀色可餐，暗香浮動。

4.前衛不是女人味，切不要以為穿上件古怪的服裝就有味了。當然這也是味，但卻是「怪味」。

5.有錢的女人不一定有女人味。這樣的女人銅臭有餘而情調不足，情調不足則索然無味。

女人味，如果叫你真正說說其味道的內涵，大多又很難說清楚。而說不清，正是女人的娟靜之味、淑然之氣也。

48. 你對異性是否具備吸引力

許多人都想成為異性的強力磁鐵，讓自己擁有一身致命吸引力。以下的心理測驗，即是透過你潛意識中的慾望，測出你對異性的致命吸引力指數。

問題：你來到傳說中的許願池，聽說在這兒許下的任何願望都能實現，你覺得自己在許願池前，第一眼看到的會是什麼？

☐　A：天鵝

☐　B：荷花

☐　C：浮萍

☐　D：平滑如鏡

測試結果

A 致命指數99分

你不自覺地就會引起異性的注意，對自己的外貌和魅力更是深具信心，更懂得在適當時機放電，經過你身邊的人，很少有不回頭多看你幾眼的。

B 致命指數60分

你看起來有點冷峻孤傲，習慣於等待，不容許自己主動向人示好，就像沉靜優雅的粉荷，相信有識者才能瞭解你的優點，但偏偏就是有人會瘋狂愛上你這一點。

C 致命指數40分

你壓根兒就沒想過吸引力這玩意，喜歡愛人甚於被愛，總是化被動為主動，實際去追求更有吸引力的人和物，只專注於眼前的目標，不會特意修飾自己。

D 致命指數30分

一方面你的心情十分矛盾，因不確定別人如何看待自己，所以顯得有點保守畏縮；另一方面又認為沒人欣賞你的好，然後又將自卑情緒，轉為自戀自滿的防衛意識。

男性心中的女性美：

1.美麗、溫柔、賢慧，善察人意而又心地善良、純真、誠實、不吝嗇，多情而不軟弱，不冷若冰霜，更不自以為月中嫦娥而拒人於千里之外。

2.自重自愛，平易謙和，彬彬有禮，待人處世好，富有同情心，能體諒人，正直，樂於助人，尊敬師長、老人，有自知之明，不忘乎所以。

3.活潑而不放蕩，穩重而不呆板，有內在魅力，坦率、灑脫、性情開朗、心胸開闊，不嘰嘰喳喳於大庭廣眾，或搬弄口舌於朋友同事，具有現代青年人的文化教養。

4.頭腦靈活，虛心好學，不矯揉造作，有較強的事

葉心，談吐不俗，熱情開朗，不縮手縮腳、忸忸怩怩、羞羞答答。

這就是當代男性心中的女性美。他們普遍認為女性既要有「賢妻良母」的素養，又要有「居里夫人」的氣質，希望所有女性都能成為有才識，有膽量的知識型、開拓型、創造型女性。

永續圖書
線上購物網

www.foreverbooks.com.tw

◆ 加入會員即享活動及會員折扣。

◆ 每月均有優惠活動，期期不同。

◆ 新加入會員三天內訂購書籍不限本數金額，
  即贈送精選書籍一本。（依網站標示為主）

專業圖書發行、書局經銷、圖書出版

永續圖書總代理：

五觀藝術出版社、培育文化、棋茵出版社、犬拓文化、讀
品文化、雅典文化、知音人文化、手藝家出版社、璞申文
化、智學堂文化、語言鳥文化

活動期內，永續圖書將保留變更或終止該活動之權利及最終決定權。

大大的享受拓展視野的好選擇

永續圖書線上購物網
www.foreverbooks.com.tw

謝謝您購買 　　　超自我的終極心理測驗　　　這本書！

即日起，詳細填寫本卡各欄，對折免貼郵票寄回，我們每月將抽出一百名回函讀者寄出精美禮物，並享有生日當月購書優惠！

想知道更多更即時的消息，歡迎加入"永續圖書粉絲團"

您也可以利用以下傳真或是掃描圖檔寄回本公司信箱，謝謝。

傳真電話：（02）8647-3660　　　　　　　　信箱：yungjiuh@ms45.hinet.net

☺ 姓名： 　　　　　　　　□男 □女 　　□單身 □已婚

☺ 生日： 　　　　　　　　□非會員 　　□已是會員

☺ E-Mail： 　　　　　　　電話：（ ）

☺ 地址：

☺ 學歷：□高中及以下　□專科或大學　□研究所以上　□其他

☺ 職業：□學生　□資訊　□製造　□行銷　□服務　□金融
　　　　　□傳播　□公教　□軍警　□自由　□家管　□其他

☺ 您購買此書的原因：□書名　□作者　□內容　□封面　□其他

☺ 您購買此書地點：　　　　　　　　　金額：

☺ 建議改進：□內容　□封面　□版面設計　□其他

　　　您的建議：

超自我的終極心理測驗

■ 請至鄰近各大書店洽詢選購。

■ 永續圖書網，24小時訂購服務
www.foreverbooks.com.tw
免費加入會員，享有優惠折扣

■ 郵政劃撥訂購：
服務專線：(02)8647-3663
郵政劃撥帳號：18669219